TU
PROPÓSITO

SAMUEL STAMATEAS

TU PROPÓSITO
es la clave

TU PROPÓSITO. Es la clave.
es editado por
EDICIONES LEA S.A.
Av. Dorrego 330 C1414CJQ
Ciudad de Buenos Aires, Argentina.
E-mail: info@edicioneslea.com
Web: www.edicioneslea.com

Diseño interior: Donagh / Matulich

ISBN 978-987-718-646-8

Primera edición.
Impreso en Argentina.
Esta edición se terminó de imprimir en
diciembre de 2019 en Arcángel Maggio - División Libros

Stamateas, Samuel
   Tu propósito. Es la clave / Samuel Stamateas. - 1a ed . - Ciudad
Autónoma de Buenos Aires : Ediciones Lea, 2019.
   224 p. ; 23 x 15 cm. - (Emprendedores)

   ISBN 978-987-718-646-8

   1. Superación Personal. 2. Autoayuda. 3. Bienestar. I. Título.
   CDD 158.1

*A mis padres, Ana y Jristos, quienes
me enseñaron con su ejemplo y valores
el significado de una vida con Propósito.*

Agradecimientos

A Ediciones Lea, por acompañarme en esta aventura.
A Carolina Di Bella, por editar con amor y respeto.
A Mario Rolando, por su entusiasmo permanente.

A MANERA DE PRÓLOGO

Querido lector,

Hoy volvemos a encontrarnos en un nuevo libro, mi segundo libro. Ya hemos transitado juntos el camino de *Lidera tu Vida*, una experiencia que nos permitió reconectarnos con nuestros poderes, creencias, pensamientos y sueños. Sin duda, un libro que no tiene fecha de vencimiento, ni que podrá agotarse, dado que cada lectura en cada contexto lo reaviva. Es hora entonces de dar un nuevo paso. Un paso que nos lleve al centro y fuente de cada decisión que tomamos.

Tal vez compraste este libro porque te llamó la atención su título, tal vez porque te has preguntado qué se esconde detrás de la palabra "Propósito". Quizá lo hayas hecho porque intuyes que más allá de todo lo visible, incluso detrás de la palabra que da nombre a este libro, hay algo que le da sentido, algo que lo sostiene, que lo significa, algo que lo vuelve particular, único y que en su simplicidad encuentra la profundidad, el alcance y la trascendencia.

Las páginas que siguen tienen un Propósito, un sentido que yo mismo les inscribo e impulso al escribir, ese algo que trataré de volver real palabra por palabra y capítulo a capítulo. Se trata de mi deseo de que su lectura te permita observar tu vida tal y como transcurre hoy, aquí y ahora, para reflexionar acerca de ella, acerca de quién estás siendo, quién quisieras ser, qué decisiones tomas, que acciones emprendes, acerca de lo que estás haciendo y de lo que quisieras hacer; acerca de la vida que vives y la que quisieras vivir.

Espero que este libro te sirva de invitación y estímulo para que encuentres más significados que explicaciones. Pero, por sobre todas las cosas, para que te formules las preguntas clave que te encaminarán en tu propósito hacia la plenitud.

El Propósito es como el juego de la búsqueda del tesoro: cada pista que encuentres te conducirá a la siguiente y luego a la siguiente... hasta descubrir el tesoro. Por eso he pensado este libro como un recorrido por pistas, por señales, por temas que por separado y en conjunto te ayudarán a despejar lo pasajero de lo permanente, lo aparente de su esencia. A medida que el texto avance incluiré preguntas, ejercicios y declaraciones que posiblemente te servirán para comenzar a preguntarte y a responderte acerca de ti mismo y de tu propósito.

El mundo que te rodea lo está esperando. Lo necesita.

Es tu regalo a la humanidad.

PISTA 1
En busca del Propósito

Vivir con sentido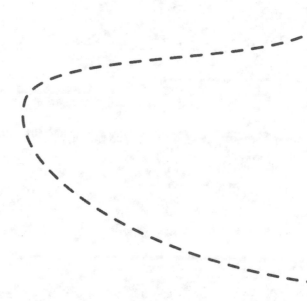

Si hay algo que los seres humanos hemos buscado desde siempre es el sentido de la vida. No de la vida "per sé" sino, más profundo aún, el sentido de nuestra vida.

Nos hemos hecho y nos hacemos preguntas acerca de nuestra existencia, de nuestro propósito, de dónde venimos, hacia dónde vamos, por qué o para qué hacemos una u otra cosa.

Cada una de esas preguntas ha tenido y tiene diferentes abordajes, de hecho, las religiones, la psicología y la filosofía han intentado esbozar o declarar los signos y las señales del sentido de la humanidad.

Hoy en día, millones de personas encuentran las respuestas a esta pregunta en los pilares de la religión. Pero también es cierto que hay millones de otras personas para las que la religión ya carece de autoridad. Si en el pasado la religión representaba el espacio seguro para la búsqueda de sentido y trascendencia, en el presente solo constituye una alternativa más.

Algunas ideas

Hace unas décadas atrás, los programas educativos incluían contenidos que procuraban enseñarnos a vivir tomando el modelo de los clásicos y los principios de la teología. Se inculcaban creencias comunes en Dios y en los valores y los principios cristianos. Por ese entonces, los educadores consideraban que las humanidades podían oficiar de guía para los estudiantes en esa búsqueda de respuestas. Fue así que la literatura y la filosofía comenzaron a tener un papel importante. Al leer los Diálogos de Platón, la *Divina Comedia*, Goethe y otros, los estudiantes debatían y alcanzaban sus propias conclusiones sobre el sentido de la vida con sus compañeros y con sus profesores.

A principios del siglo XIX, la situación volvió a modificarse. En las universidades surgieron los departamentos dedicados a la investigación, cada uno con sus propios métodos sistemáticos y objetivos. Para la mayoría de los profesores encontrar el sentido de la vida no era objeto del ámbito académico, ya que algo tan subjetivo no podría ser considerado en el espacio dedicado al conocimiento objetivo.

Pero, en los últimos años, la búsqueda del propósito ha recobrado su lugar de la mano de las ciencias y de varias disciplinas, entre ellas la Psicología Positiva a través de su creador, Martín Seligman, de la Universidad de Pensilvania. Este psicólogo encargó a su equipo investigar qué era lo que hacía que la vida valiera la pena de ser vivida. Aunque esa fue la consigna inicial, la investigación se orientó hacia la felicidad. Sus orígenes, causas, formas de incrementarla, etc. La gente respondió favorablemente. ¡Por supuesto, si siempre estuvimos interesados en ella! Pero, aunque el evangelio de la felicidad siga creciendo, basta con dar un vistazo al estado de nuestra sociedad para darnos cuenta de que sus resultados no son los que se esperaban.

"La vida es algo más que ser feliz", expresó el filósofo de Harvard Robert Nozick, quien trabajó con Seligman en la creación de la visión de la psicología positiva. En esa búsqueda para descubrir el propósito, los investigadores llegaron a una primera conclusión: **no es lo mismo una vida feliz que una vida con sentido.**

Sigmund Freud pensaba que, para la mayoría de las personas, lo que determinaba el propósito de la vida es la felicidad.

Si posamos la lente sobre los griegos, nos encontramos con Arístipo, discípulo de Sócrates, quien menciona que la vida consiste en disfrutar de los placeres a medida que estos se presentan. Epicuro, por su parte, destaca que la buena vida consiste en el placer, considerándolo como la ausencia de sufrimiento. Para Aristóteles la felicidad no era tanto el placer y el disfrute, sino el bien supremo. No era una emoción pasajera, sino algo que surge a partir de cultivar las mejores cualidades intelectuales y morales, contribuyendo a favor de la sociedad.

El filósofo John Stuart Mill menciona que son felices aquellos que no se concentran en su propia felicidad sino en la felicidad de los demás, ya que, al concentrarse en otra cosa, encuentran la felicidad por el camino.

La crisis del Propósito

Para mucha gente el Propósito es algo fundamental. Y qué importante debe ser que hay quienes se quitan la vida por considerar que esta no tiene sentido o por no encontrárselo. Pero también están (estamos) quienes vivimos la vida conforme a nuestros ideales.

¿Dónde surge la crisis del propósito? Usualmente, se origina cuando buscamos una respuesta material a una pregunta que no es material, si no trascendental; es decir que buscamos en el mundo exterior una respuesta que debemos buscar en nuestro mundo interior.

El hecho de no encontrar el Propósito en el mundo que nos rodea hace que para muchos la vida no tenga sentido, sea un absurdo. Así que, enfrentados con ese absurdo, elegimos sucumbir —ceder al absurdo y alimentarlo— o brindarle sentido y Propósito.

Es en este punto, detente y declara:

"Elijo transitar en lugar de atravesar".

"Elijo ponerme de pie en lugar de rendirme".

"Soy capaz de darle sentido al sufrimiento, a las pérdidas y al dolor".

Una lección inolvidable

Todos alguna vez hemos leído *El Principito*. Él vive en un diminuto planeta donde cuida de sus plantas y flores. Inicia la búsqueda del conocimiento y entendimiento, y luego de recorrer varios planetas y ver jardines, se acuerda de una rosa que dejó en el suyo y eso le produce mucha tristeza; él pensaba que su rosa era la única de ese tipo, pero se da cuenta de que había muchas iguales a ella. Cuando toca fondo en su desesperación, encuentra al zorro quien le enseña muchas cosas, pero la da la lección más significativa de su vida respecto a la rosa que había dejado atrás:

la rosa no es solo una más, es especial por lo que le ha dado; lo que hace a esa rosa tan importante es el tiempo que el Principito le ha dedicado; el zorro le enseña que cuando se domestica algo te responsabilizas para siempre de ello:

"Para mí no eres todavía más que un muchachito semejante a cien mil muchachitos. Y no te necesito. Y tú tampoco me necesitas. No soy para ti más que un zorro semejante a cien mil zorros. Pero, si me domesticas, tendremos necesidad el uno del otro. Serás para mí único en el mundo. Seré para ti único en el mundo"

le dijo el zorro. El Principito regresa al campo de rosas y dirigiéndose a ellas les dice:

"Son bellas, pero están vacías. No se puede morir por ustedes. Sin duda que un transeúnte común creerá que mi rosa es parecida. Pero ella sola es más importante que todas ustedes, puesto que es ella la rosa a quien he regado. Puesto que es ella la rosa a quien puse bajo un globo. Puesto que es ella la rosa a quien abrigué con el biombo. Puesto que es ella la rosa cuyas orugas maté (salvo las dos o tres que se hicieron mariposas). Puesto que es ella la rosa a quien escuché quejarse, o alabarse, o aun, algunas veces, callarse. Puesto que ella es mi rosa".

Esto significa que haberle dedicado tiempo, atención y cuidado, hizo que la relación con esa rosa tuviera sentido, tuviera Propósito.

Pregúntate: **¿Cuál es mi rosa?**

Apreciamos más aquello que nos demanda energía, esfuerzo, y que hacemos por voluntad propia. Sea una rosa, sea un emprendimiento personal, sea colaborar con una necesidad ajena, aquello que nos exige esfuerzo, aquello en lo que nos involucramos con nuestro ser y nuestra emoción, con nuestro pensamiento y nuestro sentir, pasa a tener un valor distinto para nosotros. Y es porque lo hacemos con Propósito.

Por eso aceptar los desafíos, los reveses de la vida, con la actitud correcta, le brinda sentido a nuestra vida.

Recuerda: no hay un sentido objetivo de la vida.
Lo importante es que cada uno de nosotros podemos y
necesitamos encontrar nuestras propias fuentes
de sentido. Encontrar o construir nuestro propósito.

Pregúntate: ¿Cuál es mi fuente de sentido?

Aquí tienes una pista: cuando algo se relaciona con algo mayor, nuestro aporte a ese algo tiene sentido. Quizá no vemos el todo, pero sabemos que somos parte. Quizá parezca que lo que hacemos es "insignificante" pero cuando tomamos distancia, cuando vemos el cuadro completo, desde una perspectiva mayor y trascendente, encontramos Propósito.

Cuentan que estaba el discípulo caminado con su maestro cuando de repente le dijo: "Maestro, ¿me da su anillo?". Y el Maestro, sin mediar palabra, se lo sacó de su mano y se lo dio. Siguieron caminando en silencio. Al otro día, el discípulo volvió con el anillo en la mano: "Maestro, le devuelvo su anillo y le pido algo mayor: lo que lo llevó a usted a dármelo".

Veamos un ejemplo. Sabemos de la importancia que tiene el trabajo, no solamente para el sustento económico, sino por el sentido, el significado, la valía, la dignidad que le otorga a la persona. Hay quienes consideran su trabajo como una importante fuente de sentido y Propósito. Pero, quien considera a su trabajo como un fin en sí mismo, cuando lo pierde, se deprime profundamente, porque ha perdido su forma de vida. En cambio, si el trabajo es un medio para lograr algo mayor, si lo perdemos, solo hemos perdido un medio y no nuestro propósito. Así que volveremos a tener otro medio porque lo que nos sostiene es el Propósito.

No es lo que hacemos.
Es para qué hacemos lo que hacemos lo que nos da
sentido.

Sentido, propósito, misión, son palabras que nos conectan con lo trascendental.

Nuestros vínculos sociales también son importantes. Así como los niños para crecer y desarrollarse con normalidad necesitan no solamente alimento y cobijo, sino también amor y cuidado parental, así también los adultos necesitamos socializar en un marco de emociones positivas.

Necesitamos cultivar buenas relaciones. Experimentar pertenencia en las relaciones con los otros, ya sea la familia, los amigos o la pareja. Vincularnos con gente con la que podamos dar y recibir, amar y ser amados, validar y ser validados. Cuando eso se logra en un grupo, las interacciones generan no solamente resultados extraordinarios a nivel grupal, sino que cada persona que lo integra alcanza plenitud y felicidad.

Relacionarnos con otros que también sienten que contribuyen con su aporte a mejorar la sociedad, nos beneficia. Nos potencia.

Todos necesitamos sentir que pertenecemos a algún lugar, que nos rodeamos de gente con la que tenemos algo en común y que hemos decidido que ese algo esté por encima de cualquier otra característica que pudiera separarnos. Lo que nos enriquece no son nuestras semejanzas sino nuestras diferencias. Y cuando somos capaces de relacionarnos focalizados en algo más grande que nuestras diferencias, entonces 1 + 1 no es 2, sino un UNO más grande.

Las relaciones saludables tienen sentido y otorgan sentido.

Estas conexiones de alta calidad generan un efecto extraordinario no solo en el trabajo, sino también en las demás áreas de nuestra vida. Por el contrario, quienes se sienten excluidos, ajenos, ignorados, tienden a pensar que no solo lo que hacen no tiene sentido, sino que sus vidas mismas no tienen Propósito.

Aquí surge la importancia del liderazgo. Necesitamos de líderes que sean capaces de crear conexiones de alta calidad. Que sean generadores de una cultura de trabajo en la que cada persona se sienta valiosa. Por supuesto que la decisión final la tiene la persona, pero son los líderes quienes invitan a pertenecer, a sumarse al Propósito.

Pero aun si no hubiera liderazgo interesado en esa clase de vínculos, cada uno de nosotros puede hacer su aporte de todas formas. La belleza de las conexiones no se logra con grandes cambios organizacionales, sino con pequeñas acciones cotidianas: un saludo afectuoso, aunque no sea correspondido, el interés genuino por el compañero que transita un momento difícil, una felicitación por una tarea bien hecha, aunque no nos corresponda a nosotros darla.

Se trata de dejar de concentrarnos tanto en nosotros y comenzar a pensar en los demás.

Si queremos encontrar Propósito en nuestra vida, no podemos concentrarnos solo en nosotros.

Mucha gente asocia tener un Propósito con algo extremadamente llamativo, rimbombante y grandilocuente: "erradicar el hambre en el mundo", "lograr la paz en toda la tierra", etc.

Se cuenta que un médico llevó a reparar su automóvil al taller y mientras tomaba su café, observaba cómo el encargado revisaba el auto de manera casi automática, mecánica. Se le acercó y le preguntó: "¿Qué está haciendo?". El mecánico le respondió: "Arreglando su auto". "No. Usted no está arreglando mi auto", respondió el médico, "usted me está ayudando a salvar vidas". Luego de un silencio reflexivo, el operario contestó: "Nunca lo había visto así". Y siguió adelante con su tarea, pero ahora mostrando una amplia sonrisa.

Nuestras tareas rutinarias adquieren más sentido cuando las vinculamos con un Propósito mayor.

Tres hombres estaban golpeando con sus martillos unas rocas. Se acercó una persona al primero y le preguntó: "¿Qué está haciendo?". ¿Acaso no lo ve?", respondió el primero, "picando piedras". Se acercó al segundo y le preguntó: "Y usted, ¿qué está haciendo?". "Levantando una pared", le contestó. Se acercó al tercero y le preguntó: "Y usted, ¿qué está haciendo?". "Construyendo una catedral, mi amigo", respondió.

Es posible que estemos inmersos en una gran cantidad de tareas y actividades cotidianas que repetimos casi como autómatas o mecánicamente. Limpiar la casa, ir al gimnasio, levantarnos temprano, ir a trabajar, hacer las compras, cocinar, y tantas otras más que hacemos habitualmente y que parece que "hay que hacerlas porque alguien tiene que hacerlas". Sabemos por qué las hacemos, pero la cuestión es saber qué significan, es decir, para qué las hacemos.

Pregúntate por qué haces lo que haces, y obtendrás una explicación.

Pregúntate para qué haces lo que haces, y obtendrás un significado.

Preguntarnos por qué nos conecta con el pasado.
Preguntarnos para qué nos conecta con el futuro.

No le estás dando comida a tu hijo, estás haciendo que crezca sano y fuerte.

No estás barriendo, estás haciendo de tu casa un lugar digno.

No estás levantando pesas, estás cuidando y fortaleciendo tu cuerpo.

La habilidad de ver un Propósito en las tareas habituales y cotidianas nos permite avanzar en la búsqueda del sentido.

Si no le confieres un Propósito a lo que realizas diariamente, tenderás a menospreciarlo y sentirás que todos los demás están ocupados, mientras que tú estás perdiendo el tiempo. Mientras los demás saben lo que hacen y adónde van, te sentirás sin rumbo alguno.

Así es el Propósito.

Siempre está por delante de nosotros.

Es una flecha que indica futuro.

Nos mantiene enfocados.

Nos organiza.

El Propósito nos facilita decidir:

"Esto que hago ¿me acerca a mi futuro? ¿Me conecta con lo que busco? Y si no, ¿para qué lo hago?".

Las personas con Propósito consideran que sus vidas tienen sentido. Viven motivadas. Motivadas en el estudio, en el trabajo, en la administración de su salud, de sus vínculos, de sus finanzas, de su tiempo.

Las personas con Propósito son resilientes, es decir, saben transitar y superar las dificultades y las incertidumbres porque las consideran circunstanciales.

Se cuenta que el entonces Presidente de los Estados Unidos, John F. Kennedy, visitó la NASA en el año 1961. Mientras caminaba por las instalaciones, se encontró con uno de los empleados de limpieza, quien se encontraba trapeando el piso. Kennedy se detuvo, lo saludó con un apretón de manos y le preguntó: "¿Y usted qué hace aquí en la NASA?". El empleado con orgullo le respondió: "Señor Presidente, ¡estoy ayudando a poner a un hombre en la Luna!".

Autoconocimiento y propósito

Existe una estrecha relación entre Identidad y Propósito. Conocerse a uno mismo, saber cuáles son los propios talentos, aquello que nos gusta hacer, cuáles son nuestras fortalezas, cuáles son nuestros valores y creencias, aquello que hacemos que despierta agradecimiento en los demás... todas son señales que nos ayudan a descubrir y transitar el camino del Propósito con determinación y perseverancia.

Conocernos a nosotros mismos nos permite averiguar de qué forma podemos aportar mejor a la sociedad.

Cuando sabemos que lo que somos y lo que hacemos contribuye para que el mundo que nos rodea sea un lugar mejor; cuando ponemos nuestros talentos, nuestras fortalezas, nuestros valores a disposición de los demás, entonces nos sentimos competentes, satisfechos. **Sentimos que nuestra vida tiene Propósito.**

Nuestra actitud de servicio despierta nuestro Propósito.
Nuestro Propósito despierta nuestra actitud de servicio.

No hace falta cambiar de trabajo para sentirnos plenos. Cambiar nuestra perspectiva de lo que estamos haciendo cambiará nuestra emocionalidad.

No necesitamos cambiar de trabajo para utilizar nuestros talentos. Podemos utilizarlos con las personas que se nos acerquen.

Una persona que tiene Propósito cultiva sus capacidades en provecho de los demás. No le preocupan los beneficios personales, sino hacer que el mundo sea un lugar mejor.

Todos tenemos una historia para contar. Una historia que puede servirle a alguien. Si somos capaces de darle sentido profundo a cada retazo de nuestra historia, esa resignificación puede servir de fuente de inspiración para otros.

Y cuando digo historia, me refiero a los éxitos y los fracasos. Tu historia es la sumatoria de ambos y la interpretación que hacemos de ellos será la que nos hace ser como somos.

Recuerda: adoptar una interpretación favorable nos estimula a un mayor sentido de Propósito.

Tu vida es valiosa. Quién eres y cómo llegaste hasta aquí puede ser la respuesta para muchas personas.

Hay quienes piensan: "Mi historia no vale la pena". Y esto no es así. Según cómo la cuentes harás que valga la pena o no. Te invito entonces a que te des una vuelta por tu pasado y vuelvas a interpretar lo que te cuentas y describes acerca de él.

Recuerda: vivimos de acuerdo a las historias que nos contamos.

A medida que encontremos Propósito a nuestras experiencias, estaremos creando Propósito.

¿Dónde está tu Propósito? Está en el punto de encuentro entre tu felicidad personal y la necesidad del mundo. **Somos la respuesta de alguien.**

Una vez le preguntaron a la Madre Teresa si consideraba que lo que hacía era una gota de agua en el océano. Ella contestó: "Sí, por supuesto. Es una gota de agua en el océano. Pero si no lo hiciera, al océano le faltaría una gota".

Esas tareas que a simple vista parecen insignificantes resultan indispensables. Y son indispensables las personas que las llevan adelante, seres anónimos y desconocidos que día a día realizan su aporte al mundo con fidelidad y entrega. Entre ellos te encuentras tú.

Pregúntate: ¿cuáles son mis mínimas tareas cotidianas que el mundo necesita?

A partir de ahora, comienza a resignificar aquello que haces diariamente. Eres oferta para el mundo y tus tareas son oportunidades para los demás. El mundo lo necesita y te necesita.

Y recuerda: que al océano no le falte tu gota.

SIGUE BUSCANDO >>

PISTA 1: Vivir con sentido
Mis notas...

. . . .
. . . .
. . . .
. . . .
. . . .
. . . .
. . . .
. . . .
. . . .
. . . .
. . . .
. . . .
. . . .
. . . .
. . . .

PISTA 2
En busca del Propósito

Transformarse para vivir
en la trascendencia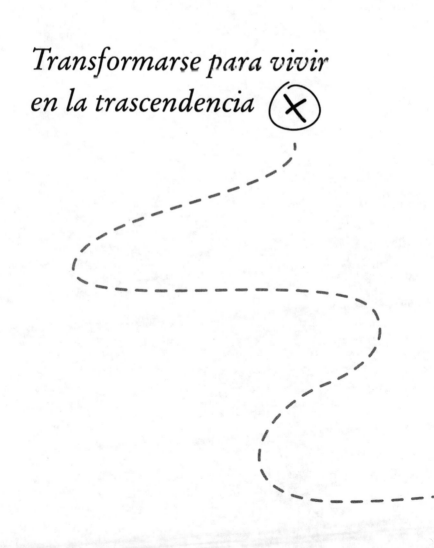

¿Has pensando alguna vez en la trascendencia? A lo largo de la historia se la ha asociado con múltiples experiencias. Si nos detenemos en su etimología, la palabra *trascender* proviene del latín *transcendĕre* que significa traspasar. Y traspasar hace referencia al movimiento que se produce cuando atravesamos o cruzamos de un sitio a otro, vamos más allá de donde estamos, superamos el umbral para ver qué hay detrás. Indudablemente, **trascender es una palabra trascendente** porque nos conduce más allá de nosotros mismos, porque interpela y cuestiona a nuestro Propósito.

El sentido más inmediato y general de trascendencia es pasar de un ámbito a otro, atravesando el límite que los separa. Desde un punto de vista filosófico, este concepto incluye además la idea de superación o superioridad. En la tradición filosófica occidental, la trascendencia supone un "más allá" del punto de referencia. Trascender refiere a la acción de "sobresalir", de pasar de "dentro" a "fuera" de un determinado ámbito, superando su limitación o clausura.

Trascendemos cuando pasamos del ámbito de lo visible y terrenal al ámbito de lo invisible y espiritual.

Trascendemos cuando empezamos a ser más reconocidos por dar que por recibir.

Trascendemos cuando nuestras acciones producen resultados positivos en la vida de otras personas.

Trascender incluye la idea de la superación, como si la trascendencia viniera asociada con cierta idea de grandeza. Sin embargo, vivir la vida bajo el lema de la trascendencia nos mantiene en la humildad. Paradójicamente, nuestra grandeza se manifiesta cuando recordamos segundo a segundo nuestra pequeñez. Somos pequeños e insignificantes frente a la inmensidad, y a la vez somos grandes y valiosos porque nuestra ínfima parte es un aporte necesario para el sentido de lo inconmensurable.

Es sumamente importante que recuerdes que tu mayor grandeza es saber que tu pequeña contribución es como la gota para el océano. Este fino grado de conciencia te permitirá no caer en la tentación de sentirte superior a los otros, porque los otros son "otros tú". Es decir, cada uno de los otros es una gota del océano.

¿Por qué creer entonces que nuestra gota es más importante que la gota del otro?

Hacerlo nos aparta del camino de la trascendencia y nos encauza en un falso poder terrenal sin aspiración de Propósito.

Hacerlo nos conecta con la soberbia, esa forma particular que tiene el ego de creerse más importante que los demás. La soberbia nos resta niveles de conciencia, nos instala en una tóxica creencia de superioridad y nos aleja de los otros, imprescindibles eslabones de nuestro Propósito. Soberbia que solemos ver en gobernantes, directivos, funcionarios, etc., pero también en encargados de edificios, asistentes, empleados públicos y en casi todos aquellos seres humanos que se encuentran repentinamente con una miserable cuota de poder.

Instructivo para evitar la soberbia

1. Diríjase a una zona rural.

2. Elija el campo que más le guste.

3. Desnúdese y permanezca allí hasta que anochezca.

4. Cruce el alambrado con cuidado de no perder ninguno de los atributos de su poder y camine hasta que sienta que está en medio de la soledad más absoluta.

5. Una vez allí, levante la cabeza, observe el cielo y mire las estrellas.

6. Permanezca quieto en la escena y guarde silencio: visto desde el espacio usted podría parecerse a un virus que se ha depositado sobre una pelota de fútbol.

7. Continúe quieto y en silencio. Piense ahora que usted está depositado sobre un planeta que gira alrededor del Sol y que el Sol es tan solo una estrella pequeña que convive entre millones de estrellas que usted está viendo y que forman nuestra galaxia.

8. Continúe quieto y en silencio. Recuerde ahora que nuestra galaxia es solo una de las tantas galaxias que desde hace millones de años giran a través del espacio.

9. Ahora, luego de haber permanecido quieto y en silencio, coloque los brazos en jarra sobre la cintura y adopte una actitud desafiante, o cualquier otra postura que le parezca lo suficientemente cabal como para expresar el inmenso poder que usted tiene. Cuando esté listo, infle el pecho, y con toda su fuerza alce la voz y grite: "¡Yo soy alguien verdaderamente poderoso!".

10. Cuando haya terminado, permanezca quieto para observar el resultado. Si ve que algunas estrellas se sacuden, no se haga demasiado problema. Es Dios que a veces no puede aguantar la risa.

$$\times$$

>>

De mirar a admirar

Cuando experimentamos momentos gloriosos como la belleza de una obra musical, la grandeza de un acto de generosidad, o la monumental pequeñez frente al infinito universo como en el Instructivo que acabas de hacer, pasamos de mirar a admirar. Cuando transitamos la admiración nos resulta difícil traducir con palabras aquello que ocurre en nuestro interior, aquello que sentimos en ese momento. Nuestra mente registra la escena o el momento, nuestros sentidos perciben esa experiencia y **somos transformados**. Nuestra concepción del universo se modifica, como también la idea que tenemos de nosotros mismos y de nuestro lugar en el planeta. Transformación que activa nuestra conciencia interior, que revitaliza nuestra gran pequeñez, que nos encamina hacia la trascendencia despertando Propósito.

Vivir con Propósito esfuma nuestra angustia por la existencia.

Vivir con Propósito llena de sentido la vida y la muerte.

Vivir con Propósito nos hermana con la paz y el bienestar.

Del Dolor al Sentido

Como ya mencionamos en la pista anterior, nuestra historia se compone de éxitos y fracasos. Éxitos que nos conectan con zonas placenteras, felices y distendidas, y fracasos que nos conectan con experiencias adversas, dolorosas y traumáticas. Estas últimas tienen el poder de quebrar nuestros paradigmas mentales, alterando nuestros conceptos de justicia e injusticia. Experiencias que no solo interfieren en nuestro equilibrio emocional, sino también en nuestro bienestar físico y vincular. Se trata de situaciones que por su intensidad pueden perjudicar o romper relaciones, dañar o anular nuestra fe, y sumergirnos en la desconfianza y el escepticismo. Cada una de estas situaciones es una visible amenaza (y una invisible oportunidad) en nuestro camino en busca de Propósito.

Así como, luego de un devastador terremoto, una ciudad arrasada decide volver a ponerse de pie construyendo edificios más resistentes con instalaciones antisísmicas, así también nosotros contamos con el poder natural (y la voluntad libre de elegir) de reconstruirnos desde nuestros escombros de dolor para transformarlos en los primeros ladrillos de nuestra nueva fortaleza interior.

Se trata entonces de cruzar la barrera de las "heridas" y enfocarnos en las "cicatrices".

Las heridas abiertas se perpetúan a través del dolor que no cesa, y que impide avanzar y evolucionar. En cambio, las cicatrices no borran las heridas, las cierran y se quedan allí para recordarnos no solo el dolor que atravesamos sino también cómo lo sanamos. Las cicatrices no duelen, son las huellas de nuestra historia que nos hablan sin enojo ni resentimiento. Insistir en el dolor de la herida nos aleja de nosotros y de los otros, nos aleja del Propósito.

Si por un momento nos detenemos a mirar hacia atrás en nuestra vida, nos daremos cuenta de que las lecciones más profundas y significativas que hemos adquirido son aquellas cosechadas en tiempos de adversidad, tiempos en los que se abre ante nosotros la posibilidad de un crecimiento profundo y significativo.

Entre otros aspectos, las experiencias traumáticas o dolorosas nos permiten descubrir o redescubrir:

- el valor de los afectos: *quiénes son las personas que nos rodean*;
- una nueva escala de valores: *lo que nos parecía importante ahora no lo es tanto*;
- fuerzas internas inexplicables: *descubrimos nuestro potencial*;
- nuestra vulnerabilidad: *¡somos humanos!*

Muchas, muchísimas personas, después de un gran dolor, sienten el profundo deseo de ayudar a otros que están transitando o han transitado situaciones similares. A esto se lo conoce como "visión del superviviente": alguien que tuvo la posibilidad de morir y que ha salvado su vida descubre ahora su Propósito: ayudar a que otros no atraviesen lo mismo que él pasó. Cuando esas personas ayudan a otras, **transforman su dolor en una bandera de victoria**. Su paso por el dolor y el sufrimiento se reconvierte en una oportunidad para que otros sufran menos.

¿Has oído hablar del estrés postraumático? Seguramente sí. Se trata de una enfermedad de salud mental desencadenada por una situación aterradora, ya sea que la hayas experimentado o presenciado. Los síntomas pueden incluir reviviscencias, pesadillas y angustia grave, así como pensamientos incontrolables sobre la situación. Es usual que ante una experiencia traumática se hable del estrés posterior que esta pueda acarrear. Sin embargo, poco se habla del **crecimiento postraumático** (*post-traumatic growth*, tal como lo nombraron en inglés sus creadores, los investigadores clínicos Richard Tedeschi y Lawrence Calhoun de la Universidad de Carolina del Norte) que se define como el cambio positivo que experimenta una persona luego de sufrir una experiencia traumática. Esto puede generar en ella una redefinición de sus valores y prioridades, y también darle un nuevo sentido acerca de la vida.

Pregúntate:

¿Cómo es posible que una misma situación sea para algunos un pozo y para otros un túnel?

¿Qué motiva a que algunas personas se estanquen y empantanen en su dolor mientras otras salen de sí mismas para ayudar a los otros?

Aunque la capacidad de **resiliencia** viene en gran parte determinada por nuestra configuración genética y por las experiencias que atravesamos durante la infancia, también es cierto que no es patrimonio de unos pocos privilegiados. No se trata de un rasgo fijo: todos podemos aprender a adaptarnos y afrontar los acontecimientos estresantes.

Lo que marca la diferencia es el interés por encontrar o no sentido positivo a la experiencia vivida.

Porque no es tanto lo que nos pasa, sino lo que decimos que nos pasa, es decir, aquello que nos contamos respecto de lo que nos está pasando.

Pregúntate:

Lo que me pasa, ¿es un problema o un desafío?

¿Es una amenaza o una oportunidad?

Son nuestras interpretaciones de lo que nos sucede lo que provoca que avancemos, retrocedamos o nos detengamos.

Somos y nos transformamos de acuerdo al modo en que nos explicamos aquello que nos sucede. Y en este punto se nos abre una gran revelación: **el modo de interpretar las cosas que nos suceden ¡lo decidimos nosotros!**

Podemos elegir interpretar lo que nos ocurre de tal manera que nos sintamos felices y optimistas en lugar de infelices o frustrados.

El problema entonces es ¡la forma en que vemos el problema!

Aunque no nos guste, de vez en cuando el sufrimiento llama a la puerta de nuestra vida y nos visita. Por eso es importante aprender a "sufrir bien", y no a "sufrir inútilmente".

Aferrarse al Propósito es una de las claves para crecer en la adversidad.

SIGUE BUSCANDO >>

PISTA 2: Transformarse para vivir
en la trascendencia
Mis notas...

. . . .

. . . .

. . . .

. . . .

. . . .

. . . .

. . . .

. . . .

. . . .

. . . .

. . . .

. . . .

. . . .

. . . .

. . . .

PISTA 3
En busca del Propósito

Escuchar la voz de tu alma (X)

"Si no sabes adónde vas,
cualquier camino te llevará allí".

Lewis Caroll,
Alicia en el país de las maravillas

Si quieres conocer tu futuro, observa tus acciones diarias.

Si quieres entender tu presente, observa tus acciones pasadas.

Si te sientes insatisfecho con tus resultados, es porque en tu interior hay una voz diciéndote que estás para algo más en esta vida. **Ese diálogo interno es la llave hacia tu Propósito.**

Cada uno mantiene un diálogo interno, una conversación que hacemos con nosotros mismos. Y como en toda conversación, puede tomar un rumbo positivo o negativo:

- será positivo si te abre posibilidades
- será negativo si te las cierra.

También puede orientarse:

- a la parálisis: "me quedo donde estoy";
- a la acción: "comienzo a moverme".

Hay quienes sufren de **parálisis por análisis**: es tanto lo que piensan que nunca dan el primer paso.

Recuerda: gran parte de tu calidad de vida dependerá de tu diálogo interno.

Tu diálogo interno es el aliado que te ayudará a descubrir tu Propósito. Si aún no lo has descubierto, entonces tu primer paso en la ruta hacia tu Propósito será descubrirlo. Es clave que lo sepas y lo descubras para no dar vueltas sin sentido.

Esos interrogantes que abren puertas

El Propósito comienza a descubrirse a partir de interrogantes. Aquí te dejo algunos, y algunas líneas en blanco para que escribas los que te surjan:

- ¿Qué amo hacer?

. . . .
. . . .
. . . .
. . . .

- ¿Qué hago y me resulta fácil hacerlo?

....
....
....
....

- ¿Qué hago tan bien que me hace sentir orgulloso?

....
....
....
....
....

- ¿Qué hago tan bien que hago sentir bien a los demás?

....
....
....
....

- ¿De qué temas me gusta hablar?

....
....
....
....
....

- ¿Qué temas me gusta leer y estudiar?

....
....
....
....

- Si no tuviera que trabajar por el dinero, ¿qué haría específicamente?

....
....
....
....
....

- Cuando era niño, ¿quién o qué quería ser?

....
....
....
....
....

- ¿Qué actividades realizo que hacen que el tiempo pase sin que me dé cuenta?

....
....
....
....
....

- ¿Qué actividades de las que realizo activan mi mejor creatividad?

....
....
....
....
....

- Si tuviera que elegir una sola cosa para hacer durante el resto de mi vida, ¿cuál sería?

....
....
....
....

- ¿Con quién me gustaría trabajar?

....
....
....
....

- ¿Qué empresa me gustaría que me contrate?

....
....
....
....

- ¿Qué aporte haría a ese equipo de trabajo?

....
....
....
....

- ¿Quién logró algo que anhelo profundamente?

....
....
....
....
....

- ¿Qué le sumo a cada persona que se me acerca?

....
....
....
....

- Escribe tus preguntas.

....
....
....
....

Comunidades con Propósito

Una comunidad de gente con un Propósito en común despierta y potencia sus valores y metas positivas. Sus miembros se respetan y reconocen la dignidad de cada uno de ellos. Virtudes como la amabilidad, la empatía y el amor son promovidas entre ellos y ofrecidas como aporte a la sociedad y al mundo.

En aquellas empresas donde hay cultura de sentido, donde se relaciona la tarea diaria con un Propósito mayor, hay gran sentido de pertenencia entre su personal, se trabaja con más entusiasmo, pasión y compromiso.

El amor es el centro de una vida que tiene sentido.

Vivir con Propósito es hacer del amor nuestra creencia, nuestro pensamiento, nuestra intención, nuestra decisión y nuestra acción. Cuando se vive con Propósito, el amor aparece una y otra vez en cada palabra, en cada acción, en cada resultado. El amor nos permite salir del metro cuadrado del ego y nos conecta con algo mayor y más profundo.

Amor como decisión, no como emoción.
Amor como experiencia sublime.

Nunca mejor las palabras de San Pablo, en su primera carta a los Corintios para expresar el poder perdurable e invencible del amor:

"Si pudiera hablar todos los idiomas del mundo y de los ángeles, pero no amara a los demás, yo solo sería un metal ruidoso o un címbalo que resuena. Si tuviera el don de profecía y entendiera todos los planes secretos de Dios y contara con todo el conocimiento, y si tuviera una fe que me hiciera capaz de mover montañas, pero no amara a otros, yo no sería nada. Si diera todo lo que tengo a los pobres y hasta sacrificara mi cuerpo, podría jactarme de eso; pero si no amara a los demás, no habría logrado nada. El amor es paciente y bondadoso. El amor no es celoso ni fanfarrón ni orgulloso ni ofensivo. No exige que las cosas se hagan a su manera. No se irrita ni lleva un registro de las ofensas recibidas. No se alegra de la injusticia, sino que se alegra cuando la verdad triunfa. El amor nunca se da por vencido, jamás pierde la fe, siempre tiene esperanzas y se mantiene firme en toda circunstancia. La profecía, el hablar en idiomas desconocidos, y el conocimiento especial se volverán inútiles. ¡Pero el amor durará para siempre!".

Las personas que viven con sentido de Propósito, es decir que viven sabiendo que cumplen una función importante en el mundo, tienden a cuidar sus vidas mucho más que quienes no lo tienen. Mejoran su calidad de vida y son más optimistas respecto del futuro. Tienen seguridad y generan atracción.

Aun los adultos mayores, a quienes la sociedad pareciera haber dejado a un lado, si conectan con un Propósito, por pequeño que este parezca, encuentran una razón para levantarse cada mañana y seguir viviendo felices. Cuando creen que todavía son útiles para el mundo que los rodea, invierten sus capacidades y experiencias para seguir mejorando la vida de los demás, y así, la de ellos mismos.

Tal vez pienses "pero no es mucho lo que puedo hacer, no cuento con suficientes recursos". Y precisamente, **este es el poder del Propósito: los recursos con los que contamos hoy son suficientes para provocar cambios favorables ahora.**

No necesitamos recursos para sonreírle al prójimo, para saludar, para darnos cuenta de que aquel compañero de trabajo está pasando por un momento difícil y acercarnos a él para conversar o simplemente escucharlo. No se necesitan recursos para abrazar a alguien y decirle: "Eres una gran persona, te quiero, adelante, no te rindas". No se necesitan recursos para acompañar a una persona al médico o para ayudar a un amigo en su mudanza. Todas estas parecen pequeñas acciones, pocas palabras, contenidos sencillos, pero que, colectivamente, iluminan el mundo.

Pensar en un Propósito no es solamente aspirar a ser un Luther King o una Madre Teresa. Quizá no tengas la posibilidad de convertirte en una influencia conocida para el planeta, pero eres una influencia en tu mundo. Quizá todavía no alcances a valorar la gran influencia que pueden tener tus mensajes en tus redes sociales.

Cada uno de nosotros trasciende siendo desconocido para muchos e ilustre para otros, héroe anónimo para algunos y persona inolvidable para otros.

Todo lo que hacemos con propósito se transforma en algo eterno.

¿Quiénes somos antes de una mala noticia y quiénes somos después?

¿Quiénes somos antes de una enfermedad, y quiénes somos después de ella?

El sentido que le otorguemos a los eventos negativos va modificando nuestra identidad. Como aquella joven que cuando se enteró de que sus padres la habían adoptado de niña, se preguntó: "¿Qué hago con esto? ¿Me enojo porque mis padres biológicos me abandonaron o agradezco porque mis padres del corazón me amaron?". Ella eligió la segunda opción, transformó el dolor de la verdad revelada e ignorada en gratitud por la segunda oportunidad que la vida le ofreció para conocer y aprender a amar. Aceptó y perdonó para poder seguir adelante con su vida libre de emociones tóxicas.

En *El hombre en busca del sentido*, Víctor Frankl describe la importancia de hallar sentido en el sufrimiento. Él psiquiatra vienés había observado en el campo de concentración que aquellos prisioneros que, aun a pesar de haberlo perdido todo (libertad, familias, identidad) consideraban que sus vidas aún tenían sentido, poseían mayor resiliencia que aquellos que consideraban que ya no les quedaba motivo alguno para vivir. Los prisioneros que entendían que, a pesar del infierno presente, tenían un "porqué" para su existencia, respondían de manera diferente al sufrimiento que experimentaban. Así fue como escribió:

"El hecho de ser humano siempre apunta, y está dirigido, hacia algo o alguien diferente a sí mismo, ya sea cumplir algo que aporte sentido o conectar con otro ser humano. Cuanto más se olvida de sí mismo, entregándose a una causa a la que servir o a otra persona a la que amar, más humano es".

¿Dónde se esconde tu Propósito?

En la página siguiente, te propongo un juego que tal vez te ilumine respuestas que te acercarán a tu Propósito.

>>

Juego de rol

Imagina que, por razones imposibles de evitar, te ves obligado a radicarte en otro país y ya no volverás al tuyo jamás. Tu familia, tus amigos y compañeros de trabajo preparan una fiesta de despedida para ti. Después de los regalos, los juegos, las risas y la cena, llega el momento de las palabras. Ellos hablarán de ti. Uno por uno. Tus familiares, tus amigos y tus compañeros de trabajo dirán quién eres, cómo has sido, qué significas para ellos.

Comienzan a hablar y comienza el juego: como en un espejo, conviértete en uno de ellos y completa los enunciados con dos oraciones en cada uno:

- Lo que más valoro de ti es...

....
....
....
....

- Es increíble como tú...

....
....
....
....

- Has sido un familiar que supo...

....
....
....
....

- Qué fácil que lo haces cuando...

....
....
....
....

- Has sido un amigo que siempre...

....
....
....
....

- Me encantó verte disfrutar cada vez que...

....
....
....
....

- Como tu compañero de trabajo, valoro tu...

....
....
....
....

- Nunca olvidaré aquella vez que...

....
....
....
....

Recuerda: Detrás de los discursos de tu "despedida"
se esconde tu Propósito.

SIGUE BUSCANDO >>

PISTA 3: Escuchar la voz de tu alma
Mis notas...

....

....

....

....

....

....

....

....

....

....

....

....

....

....

....

PISTA 4
En busca del Propósito

Escribir tu nueva historia Ⓧ

> "Los dos mejores días de tu vida
> son el día que naces
> y el día que descubres por qué".
>
> Mark Twain

La meta no es solamente descubrir el Propósito. Allí no concluye el viaje, sino que allí es cuando todo comienza.

Cuando descubrimos nuestro Propósito dejamos de formar parte de la multitud, dejamos de ser uno más. Cuando descubrimos nuestro propósito, comenzamos a ser quienes **decididamente** queremos ser:

- salimos de nuestra zona de confort;
- pasamos de transitar una vida ordinaria a desarrollar una vida extraordinaria;
- cruzamos la calle de la normalidad y nos encaminamos hacia la avenida de la grandeza.

Cuando descubrimos nuestro Propósito, comenzamos a escribir una nueva historia.
Nuestra historia.

¿Dónde buscar el Propósito?

Esta es una pregunta que muchos se hacen hoy en día. A veces el camino que nos permite descubrir la respuesta está libre de obstáculos y es placentero. Y otras veces nos toca descubrir nuestro Propósito transitando caminos que no son agradables ni alegres. Quizá las crisis, los problemas de salud, los inconvenientes económicos, los conflictos familiares también puedan ser nuestros maestros. Recuerda que no irrumpen en tu vida para destruirte, siempre y cuando lo decidas así. Los problemas llegan para decirte algo que no sabías de ti, se te presentan para que puedas conocerte mejor a ti mismo.

Tu Propósito no se halla afuera de ti, sino que habita dentro tuyo. Por lo tanto, deja de buscar afuera, ya que la búsqueda no es externa, es interior. Ese tesoro que estás buscando no está afuera, se esconde en tu alma. ¿Acaso no sientes su voz que grita "¡Hay algo más! ¡Debe haber algo más!" desde tu ser más profundo? No se trata de una voz material, concreta, a la que podríamos reconocer inmediatamente. Si fuera así, sería más sencillo, ¿no?

Deja que esa voz te siga hablando. Escucha tu corazón.

Tu Propósito puede estar escondido detrás de un hobbie, por ejemplo, oculto detrás de esa afición que te desconecta del mundo al relacionarte con ella. También puede estar en ese deporte al que te dedicas como si fueras profesional. Quizá se halle en esa actividad artística que tanto placer te da y que hace disfrutar a los demás. O disfrazado en una colección de estampillas o monedas, en una pelota de fútbol, en una raqueta de tenis, en los zapatos de baile o en esa guitarra acústica.

En algunas oportunidades, leer biografías también puede ayudarte a descubrirlo. Las historias de quienes lograron trascender constituyen una gran fuente de inspiración. Las dificultades que atravesaron para llegar, los fracasos que experimentaron, los rechazos que soportaron, sus valores y creencias, todo ese bagaje que fue parte de su camino, son una luz que puede iluminar tu búsqueda.

Siguiendo el rastro de los valores

Los valores tienen que ver con nuestra esencia. Forman parte de nuestras creencias y determinan nuestras conductas. Con ellos definimos cómo queremos vivir y cómo queremos relacionarnos con los otros y con el mundo. Ellos son nuestro marco de responsabilidad y nos limitan. A partir de ellos somos capaces de declarar: "Hasta acá sí y a partir de acá no".

Por eso nuestros valores son una pista importante en la búsqueda de Propósito.

Los valores de tu Propósito

Para poder descubrir los valores que sustentan tus pensamientos, te propongo hacer el ejercicio que incluye Carlos Eduardo Sarmiento Saladino en su libro *Descubre tu propósito para triunfar en el mundo*.

1. Lee las palabras de la tabla de abajo y encierra con un círculo todas aquellas con las que te sientas identificado.

Admirar	Adquirir	Alertar	Alterar	Amar
Animar	Apostar	Apoyar	Aprender	Articular
Artista	Asistir	Atento	Atraer	Atreverse
Aumentar	Avanzar	Aventurar	Belleza	Brillar
Buscar	Calificar	Calmar	Capaz	Catalizar
Causar	Comodidad	Compasivo	Completar	Comunidad
Concebir	Conceder	Conducir	Conexión	Confiable
Coherente	Construir	Contentamiento	Contribuir	Controlar
Crear	Cuidar	Darse cuenta	De mente abierta	Dedicado
Deleite	Deportes	Descubrir	Despegar	Destapar
Detectar	Devoción	Dicha	Dirigir	Discernir
Diseñar	Disfrutar	Diversión	Dominar	Educar
Elegancia	Emoción	Energizar	Enfatizar	Enseñar
Entender	Entrenar	Entretener	Esforzarse	Espiritual
Espontaneidad	Estándares	Estar conectado	Ser consciente	Estar despierto
Estar integrado	Estar presente	Estar vinculado	Excelencia	Experimentar

Exponer	Experto	Explicar	Facilitar	Familia
Fomentar	Fortalecer	Ganar	Gobernar	Glamour
Gracioso	Grandioso	Gratitud	Honesto	Honrado
Humilde	Ilumina	Imagina	Impacta	Influye
Informa	Inspira	Instruye	Integra	Inventa
Juega	Libertad	Levantarse	Liderar	Lograr
Limitar	Magnificar	Mejorar	Ministrar	Modelar
Observar	Original	Orquesta	Paciente	Pacífico
Pensativo	Perfecto	Perseverante	Persuasor	Perdonador
Placer	Planes	Preparación	Prevalecer	Proveer
Refinar	Regocijarse	Reinar	Reír	Relacionarse
Religioso	Responsable	Reunirse	Romance	Salud
Santidad	Satisfecho	Seguridad	Sensaciones	Sensualidad
Sentir pasión	Ser espiritual	Ser tolerante	Ser sensible	Serenidad
Servicio	Sexo	Sinceridad	Sintetizar	Soñar
Superar	Sobresalir	Tierno	Transformación	Triunfar
Unidad	Unión	Valentía	Valor	Verdad

2. Lee todas las palabras que marcaste en la tabla de arriba y entre todas ellas quédate solamente con 20 y escríbelas en la siguiente tabla:

3. Ahora, de las 20 de arriba quédate solamente con 10 palabras y escríbelas en la tabla de abajo:

4. Por último, quédate con las cuatro palabras más significativas o relevantes para ti:

Las palabras finales son aquellas que definen la esencia de aquello que realmente vale para ti.

SIGUE BUSCANDO >>

PISTA 4: Escribir tu nueva historia
Mis notas...

. . . .

. . . .

. . . .

. . . .

. . . .

. . . .

. . . .

. . . .

. . . .

. . . .

. . . .

. . . .

. . . .

. . . .

. . . .

PISTA 5
En busca del Propósito

El poder de tus talentos

En la Antigüedad, un talento era una unidad monetaria, la moneda de curso legal que representaba un determinado valor.

Hoy en día, el término talento está vinculado a la aptitud física o mental para realizar una actividad concreta. Una persona talentosa es aquella que tiene una capacidad o destreza superior a la de la mayoría en una actividad que requiere cierto tipo de habilidades. Asimismo, la habilidad es la aptitud innata, talento, destreza o capacidad que ostenta una persona para llevar a cabo, y por supuesto con éxito, determinada actividad, trabajo u oficio.

Sin embargo, el término talento también se relaciona con la capacidad intelectual o inteligencia de una persona, con la capacidad para crear alguna cosa útil o bella, ya sea un producto específico, una obra de arte o hasta jugar bien al fútbol, ser un gran matemático o instructor, entre muchas otras cosas.

En uno y otro caso, cuando hablamos de talentos nos referimos al valor que caracteriza a alguien.

Por lo tanto, para poder vivir la clase de vida para la que fuimos destinados debemos sabernos y creernos valiosos.

Cada persona vive de acuerdo a quién se cree que es.

Cuando no crees en ti

El **síndrome del impostor**, a veces llamado fenómeno del impostor o síndrome de fraude, es un fenómeno psicológico en el que la gente es incapaz de internalizar sus logros y sufre un miedo persistente de ser descubierto como un fraude. El término, acuñado por las psicólogas clínicas Pauline Clance y Suzanne Imes en 1978, ha sido objeto de numerosos libros y artículos de psicólogos y educadores.

Aquellos que padecen este síndrome permanecen convencidos de que son un fraude y no merecen el éxito que han conseguido. Las pruebas de éxito son adjudicadas a la suerte, la coincidencia o son el resultado de hacer pensar a los otros que son más inteligentes y competentes de lo que ellos creen ser.

"Me despertaba en la mañana antes de ir al set de grabación y pensaba: No puedo hacer esto. Soy un fraude", dijo alguna vez la actriz norteamericana Kate Winslet.

No creer en ti mismo te aleja de tu Propósito. No reconocer aquello por lo que vales y te destacas te impide encontrar sentido.

Cada uno de nosotros debe pensarse y comportarse como el gerente general o el CEO de su propia vida. Vivir en autonomía no significa negar el aporte de los amigos, colegas, mentores, sino desarrollar la capacidad que habita en nosotros para liberar nuestro líder interior.

Todos podemos seguir creciendo, desarrollándonos, cumpliendo metas, porque cada uno de nosotros ha venido al mundo con esas monedas llamadas talentos.

Una vez que los descubrimos podemos utilizarlos solo para nosotros o relacionarlos con nuestro Propósito poniéndolos al servicio de los demás.

Los talentos son la materia prima de tu Propósito.

Leamos ahora una interesante historia conocida como la "Parábola de los talentos" (Evangelio San Mateo 25) que nos servirá para tomar algunas ideas que nos guiarán en la búsqueda de nuestro Propósito:

"[14] También el reino del cielo puede ilustrarse mediante la historia de un hombre que tenía que emprender un largo viaje. Reunió a sus siervos y les confió su dinero mientras estuviera ausente. [15] Lo dividió en proporción a las capacidades de cada uno. Al primero le dio cinco bolsas de plata; al segundo, dos bolsas de plata; al último, una bolsa de plata. Luego se fue de viaje. [16] El siervo que recibió las cinco bolsas de plata comenzó a invertir el dinero y ganó cinco más. [17] El que tenía las dos bolsas de plata también salió a trabajar y ganó dos más. [18] Pero el siervo que recibió una sola bolsa de plata cavó un hoyo en la tierra y allí escondió el dinero de su amo. [19] Después de mucho tiempo, el amo regresó de su viaje y los llamó para que rindieran cuentas de cómo habían usado su dinero. [20] El siervo al cual le había confiado las cinco bolsas de plata se presentó con cinco más y dijo: *Amo, usted me dio cinco bolsas de plata para invertir, y he ganado cinco más.* [21] El amo lo llenó de elogios. *Bien hecho, mi buen siervo fiel. Has sido fiel en administrar esta pequeña cantidad, así que ahora te daré muchas más responsabilidades. ¡Ven a celebrar conmigo!* [22] Se presentó el siervo que había recibido las dos bolsas de plata y dijo: *Amo, usted me dio dos bolsas de plata para invertir, y he ganado dos más.* [23] El amo dijo: *Bien hecho, mi buen siervo fiel. Has sido fiel en administrar esta pequeña cantidad, así que ahora te daré muchas más responsabilidades. ¡Ven a celebrar conmigo!* ²⁴ *Por último se presentó el siervo que tenía una sola bolsa de plata y dijo: Amo, yo sabía que usted era un hombre severo, que cosecha lo que no sembró y recoge las cosechas que no cultivó.* ²⁵ *Tenía miedo de perder su dinero, así que lo escondí en la tierra. Mire, aquí está su dinero de vuelta.* ²⁶ *Pero el amo le respondió: ¡Siervo perverso y perezoso! Si sabías que cosechaba lo que no sembré y recogía lo que no cultivé,* ²⁷ *¿por qué no depositaste mi dinero en el banco? Al menos hubiera podido obtener algún interés de él.* ²⁸ *Entonces ordenó: Quítenle el dinero a este siervo y dénselo al que tiene las diez bolsas de plata.* ²⁹ A los que usan bien lo que se les da, se les dará aún más y tendrán en abundancia; pero a los que no hacen nada se les quitará aun lo poco que tienen".

La primera gran enseñanza de esta historia es que la clave no se halla en mirar qué hace el otro con lo suyo (*qué desgraciado, el auto que compró, el viaje que hizo, el negocio que puso, la familia que tiene*) sino en qué harás con el valor que posees.

Eso fue lo que el hombre les dijo: "Fíjense qué pueden lograr con lo que les doy". Porque en eso consiste la vida: ver qué vamos a hacer con nuestras competencias, con nuestras habilidades, pensamientos, emociones, tiempo, salud, dinero.

¿Acaso no te has dicho alguna vez "Si yo tuviera el dinero que él tiene" o "Ese está acomodado"? Deja de mirar a los demás y observa qué se te ha dado a ti. Recuerda que la rendición de cuentas no es grupal sino individual, porque, en cuanto a talentos, el camino es individual.

Pregúntate: ¿cómo me va con mis talentos?

Volvamos ahora a las respuestas de la parábola. El primer hombre pasó de 5 bolsas de plata a 10, es decir que obtuvo un cien por ciento de efectividad. El segundo pasó de 2 a 4, y también consiguió un cien por ciento de efectividad. El tercero, en cambio, no obtuvo resultados, sólo se concentró en conservar lo recibido lo que motivó el enojo del dueño.

Esta clase de enojo es la reacción correcta ante la falta de resultados. Es un enojo que resuelve. Y es lo que deberíamos decirnos: "Me voy a enojar cuando me falten resultados".

Se trata de enojarnos, no de justificarnos: "hice lo que pude", "no me apoyan", "soy humano". Y el enojo no es con las personas, sino con la situación. Es esa clase de enojo que en lugar de preguntarse "¿por qué?" se pregunta "¿cómo es posible?": *¿cómo es posible que no tenga trabajo una persona como yo?, ¿cómo es posible que no pueda estudiar?, ¿cómo es posible que no pueda irme de vacaciones?*

La realidad no existe, la realidad solo son los hechos interpretados desde nuestros propios procesos mentales. No importa lo que sucede, sino lo que tú creas que sucede. No importa tanto lo que pasa, sino lo que harás con lo que pasa.

Hazte responsable de crear tu propia realidad.

Instalarnos en la queja y adoptar el rol de víctima, esperando un golpe de suerte o que otros nos socorran, no nos dejará salir jamás del círculo vicioso.

Necesitamos hacernos cargo de nuestro pasado, de nuestro presente y de nuestro futuro y decidir qué queremos que suceda en cada área de nuestras vidas.

Declara: Voy a darle a mi mente una nueva dirección.

Tenemos el gran poder de decidir lo que pensamos. Si no le damos dirección a nuestra mente, ella nos llevará a los viejos lugares conocidos. Si no decidimos adónde queremos ir, adónde queremos llegar, lo que queremos ser, serán los demás los que decidirán por nosotros.

Recuerda que no es lo mismo rendimiento que resultados. Posiblemente, te hayas dicho alguna vez o has escuchado decir: "Yo me muevo, hago un montón de cosas, pero no obtengo resultados". Hacer muchas cosas (rendimiento) no implica ser productivo (resultados). Los resultados no provienen de hacer muchas cosas, sino de hacer las cosas correctas, en el momento correcto, en el lugar correcto y con las personas correctas.

Entonces:

- piensa en grande, actúa en pequeño, porque las pequeñas acciones diarias te acercan a tu meta.
- todos los días realiza tres cosas por tu sueño: envía tres mails, haz tres llamados, organiza tres visitas.
- todos los días dedica una hora a tu sueño: lee un libro, estudia, mira un video.

Las pequeñas acciones repetidas se convierten en hábitos y son los hábitos los que modifican nuestro destino.

El tercer hombre de la parábola estaba preocupado, pero preocuparse no borra los problemas, sino que aniquila la paz. Y cuando no tenemos paz, no podemos pensar con claridad. Él afirma: "Usted es un hombre severo", y así describe lo que piensa de su Señor. Este pensamiento le provoca una emoción: "Tuve miedo", y, movido por esta emoción, actúa en consecuencia: "Escondí su dinero en la tierra".

Cuando caracterizamos a alguien de determinada forma, "Jorge es tímido", "Juan es despistado", no solamente estamos condicionando nuestra manera de acercarnos a esa persona, sino que también estamos definiendo de antemano lo que podemos esperar de ellos y, por lo tanto, lo que podemos lograr con ellos.

Ocurre lo mismo cuando nos caracterizamos a nosotros: "Soy tímido", "Soy despistado". Cada vez que nos clasificamos así estamos definiendo de antemano lo que podremos lograr.

Pregúntate:

¿Qué digo de mí mismo?

¿Qué me dice el espejo cuando me reflejo en él?

Es importante que, a partir de esta página, pongas tu atención en el lugar correcto.

Recuerda que las palabras que emplees definirán el foco de tu atención:

1. *"Voy a lograr mi sueño, pero tengo un inconveniente"*.
   Si te hablas así, estarás haciendo foco en el problema. Recuerda que cuando te dices "pero" anulas todo lo que has dicho antes.

2. *"Voy a lograr mi sueño y tengo un inconveniente"*.
   Si te hablas así, estarás equilibrado en tu foco. Sabes que tienes un sueño y un problema.

3. *"Voy a lograr mi sueño, aunque tenga un inconveniente".*
   Si te hablas así, estarás haciendo foco en el sueño y dejarás al problema en segundo lugar.

El tercer hombre no supo aprovechar su libertad ni el espacio de acción que disponía por temor al dueño.
Pregúntate:

¿Cuál es el miedo que no me deja dar el paso?

Conservar solo por temor aquello que no nos identifica con nuestro sueño hará que seamos lo que nunca quisimos ser.
No tengas miedo. No escondas tus talentos en la tierra.
Recuerda que todo lo que no uses lo perderás.

SIGUE BUSCANDO >>

PISTA 5: El poder de tus talentos
Mis notas...

....
....
....
....
....
....
....
....
....
....
....
....
....
....
....

En busca del Propósito

Tu mapa del tesoro (X)

> "Las mismas áreas del cerebro que permiten recordar el pasado son las que usamos para imaginar el futuro".

> Facundo Manes

Una dedicatoria que me gusta escribir cada vez que alguien me pide que le firme mi libro *Lidera tu Vida* es: "Que disfrutes la búsqueda de tesoros".

En este libro estamos buscando un tesoro, estamos recopilando pistas que nos acerquen a nuestro Propósito. Y lo planteamos así porque simbólicamente nuestra vida también es una búsqueda de tesoros. Tesoros perdidos. Tesoros escondidos.

¿Jugamos?

Para empezar el juego, primero debemos definir cuáles son los tesoros que iremos a buscar.

Recordemos el diálogo entre Alicia y el Gato en *Alicia en el país de las maravillas*. Alicia le pregunta al Gato:

"¿Te importaría decirme, por favor, ¿qué camino debo tomar desde aquí?".

"Eso depende en gran medida de adónde quieres ir", responde el Gato.

"¡No me importa mucho adónde...!", dice Alicia.

"Entonces, da igual la dirección", responde el Gato. Y añade: "¡Cualquiera que tomes está bien...!".

Cuando rondaba los 80 años, Forrest Fenn, un excéntrico millonario vendedor de arte, afirmó haber escondido un cofre de cobre de unos veinte kilos compuesto por las mejores piezas que había acumulado durante sus años de marchante: monedas de oro, rubíes, ocho esmeraldas, dos zafiros de Ceilán, diamantes, dos antiguas tallas de jade chinas, pulseras y figuras precolombinas... Un auténtico tesoro de marajá valuado en cerca de dos millones de dólares enterrado en las montañas del condado de Santa Fe (Nuevo México) al sur de Estados Unidos. Luego retó al mundo para que lo encontrara. Para facilitar la búsqueda, el veterano aviador elaboró un peculiar "mapa del tesoro": publicó un libro de memorias titulado *The Thrill of the Chase* ("La emoción de la persecución") en el que incluyó, al final, un poema de 24 versos con nueve pistas para dar con el paradero del botín.

Miles de personas intentaron encontrar el cofre, pero, como no todo es diversión en la búsqueda del tesoro, más de una persona que se internó en las montañas de Santa Fe puso su vida en peligro y fue motivo de más de un operativo de rescate.

¿Por qué Fenn decidió hacer esto? "Para que la gente se levante de sus sofás", fue la declaración del coleccionista a un blog que recopila información sobre su tesoro.

Este episodio te permite reflexionar:

¿Cuáles son los tesoros valiosos de mi vida?

¿Cuáles son las cuatro áreas de mi vida que más me interesa cuidar y desarrollar porque me dan plenitud y felicidad?

Tal vez hayas pensado en tu familia, en tu salud, en tu desarrollo personal o en tus amistades... Sean los que fueran, esos tesoros no están afuera de ti. Están en tu interior y las pistas para encontrarlos también.

Para ello necesitas de tu Propósito que te permitirá vincular y relacionar entre sí cada área de tu vida, cada tesoro, de manera sistémica, constructiva y placentera.

Tu Propósito da sentido y significado a cada uno de tus tesoros.

Tu hoja de ruta

Te propongo seguir jugando. Esta actividad además de divertirte te permitirá desconectar tu mente de las preocupaciones para enfocarla en aquello de lo que debes ocuparte.

1. Busca revistas y diarios.

2. Luego de revisarlas, elige y recorta imágenes, textos y palabras que se relacionen con tu Propósito.

3. Crea un mural con los recortes. Para hacerlo, pégalos sobre una lámina de cartulina. Hazlo reflexivamente y prestando atención a la disposición.

4. Cuando hayas terminado, cuélgalo en un sitio cercano a tu vista. De esta forma será tu fuente de inspiración y motivación para la búsqueda de tu tesoro.

Visión activa del Propósito

Nuestras imágenes mentales se convierten en nuestra realidad y afectan nuestro pensamiento y nuestra manera de vivir.

Cuando hablamos de **visión** hacemos referencia a construcción de futuro.

Una visión es una imagen clara y desafiante de nuestro futuro.

Ese final que estás buscando se llama Propósito.
Ver tu final desde el principio se llama Visión.

Es momento de conectarnos mentalmente con ese final, de visualizar nuestro Propósito.

Visualizar lo que queremos ser, hacer y tener nos acerca a nuestro Propósito.

¿Tu propósito es ofrecer inspiración a emprendedores? Comienza pensando lo diferente que será tu vida cuando lo estés haciendo. Visualízate brindando conferencias, enseñando, relajado, feliz, dueño de tu tiempo, viajando.

"Escribe la visión, y haz que resalte claramente en las tablillas, para que pueda leerse de corrido", leemos en Habacuc 2.2 en La Biblia.

La hoja de ruta que has armado es como ir a tu futuro, tomar una foto y volver al presente. Imagina que esta noche ves por cable el partido de fútbol que se jugó por la tarde. ¿Cambiará el resultado? No, porque el partido ya ocurrió. De la misma forma, comienza a actuar como si lo que viste, ya hubiera ocurrido.

Visualizar con frecuencia y vivacidad significa:

- **Con frecuencia:** visualizar continuamente los resultados que quieres;
- **Con vivacidad:** visualizar con energía y vigor. Transmítele tu vida y tu sentimiento a tus imágenes mentales.

Recuerda que tu subconsciente no es capaz de discriminar entre una experiencia real de una experiencia imaginada. Cada vez que visualizas algo, tu subconsciente lo acepta y lo almacena. Cada vez que recuerdas esa experiencia, te programas para repetirla. Esto significa que, si has tenido una experiencia positiva y piensas en ella una y otra vez, te estás programando para hacerla de nuevo. Lo mismo sucede con lo negativo.

Si tu visión es limitada, tu vida será limitada.

Antes de lograr estar en tu Propósito, debes verte a ti mismo en el Propósito.

Declara:

La imagen equivocada me detiene. La imagen correcta me empuja.

Entonces, observa la imagen que tienes de ti mismo, fíjate que no tengas una imagen equivocada de ti. Si fuera así, debes cambiarla. Evita decirte frases como: "Nunca voy a poder", "No saldré adelante", "Siempre estaré donde estoy", porque diciéndotelas no estarás trabajando para tu Propósito. Tu vida cambiará cuando cambies la imagen que tienes de ti.

Protege tu visión

Te propongo ahora el siguiente ejercicio: escribe la lista de la gente que te puede llegar a perjudicar. Recuerda que no importa lo que los demás digan de ti, lo importante es lo que tú dices de ti mismo.

La persona de visión espera oposición. Por lo tanto, aléjate de la gente tóxica. Desconéctate de los incompetentes que quieren tirar abajo tu Propósito, de aquellos que se ríen de tus sueños, de aquellos que hablan de tu pasado cuando tú hablas de tu futuro. No seas sensible a la gente equivocada que dice: "Me dolió lo que me dijiste".

Pregúntate:

¿Qué grado de permeabilidad tengo frente a la opinión ajena?

Ten presente que cuentas con un gran poder: tu libertad, es decir, tu capacidad de decidir. Es cierto que no tienes control sobre la lluvia o el tránsito, pero puedes decidir tu actitud frente a ellos. No puedes decidir que los demás te quieran, pero puedes decidir tu reacción hacia los que te quieren y hacia los que no.

Es imposible que los que te rodean no te juzguen. Pero de todos los juicios, el más importante es el que tú hagas de tu propia persona.

Para proteger tu visión debes estar enfocado. Piensa en tu año y pregúntate:

¿Qué comencé a hacer y pude terminar?

¿Qué comencé a hacer y abandoné, pero quisiera retomar?

Así como nuestros sueños, nuestro Propósito se hace realidad en la medida en que nos vamos comprometiendo con pequeñas acciones diarias.

¿Qué puedes hacer para permanecer enfocado en tu Propósito?

1. **Alimentar:** cuánto más leas, escuches, veas y aprendas sobre cualquier tema, más seguro y capaz te sentirás.
2. **Desarrollar:** crece en tu área de interés. Invierte tiempo con quien ya logró lo que quieres lograr. Lee acerca de él. Lee libros de la materia e imagínate que estás haciendo lo que ellos te dicen.
3. **Perseverar:** ¿cuánto tiempo puedes mantener en tu interior esa imagen que has visualizado?

Quienes viven en su Propósito, quienes logran cumplir sus sueños, no se han dejado vencer por las circunstancias, ni por sus oponentes o las críticas. Fueron constantes.

Recuerda: el yunque dura más que el martillo.

Los obstáculos solo pueden lograr que lleguemos un poco más tarde a nuestro destino, pero nunca deben hacernos abandonar el esfuerzo y las acciones que realizamos cada día.

Toda acción que emprendemos necesita ser constante, no es efectivo que sea ocasional o temporal. Necesitamos que se mantenga en el tiempo.

Si no te mantienes firme en tu pensamiento y en tu acción, volverás al punto cero.

Para proteger tu visión debes tener presente que el camino no será siempre fácil ni simple. Esto nos lleva a la idea del sacrificio: muchas veces debemos hacer en el presente cosas que no nos gustan, para que en el futuro hagamos las que de verdad queremos. Incluso podemos aprender de ellas. Cualquier cosa que valga la pena lograr en la vida, merece que se trabaje por ella.

Comienza donde estás y con lo que tienes.

Pregúntate:

¿Qué recursos creo que tengo para cumplir mi Propósito?

Escribe por lo menos tres.

Suelta tu creatividad ya que el problema no es colocar ideas nuevas en la caja, sino sacar las ideas viejas. Como afirma Pablo Picasso: "La creatividad es primeramente un acto de destrucción".

Entonces, en lugar de decirte "no" elige decirte "¿por qué no?".

Recuerda que el carrito del supermercado nació porque alguien pensó: "¿Cómo podemos hacer para que la gente compre más cosas? Si les damos una canasta, sería muy pesada... ¿y si le ponemos ruedas?".

Presta atención a dónde estás en este momento, aquí y ahora. No esperes estar más adelante. El único lugar desde donde puedes comenzar es aquel en el que estás. Las oportunidades siempre están donde estamos.

Identifica lo que tienes. Sueña en grande y actúa en pequeño. Comienza en pequeño, pero cree en grande. No pienses lo que no puedes hacer, piensa lo que sí puedes hacer.

Los cambios son difíciles, pero se hacen fáciles cuando los hacemos poco a poco. El éxito se obtiene centímetro a centímetro, no por metros. Recuerda que son los pequeños cambios los que te mejoran.

Pregúntate:

Si hoy fuera un cinco por ciento más responsable, ¿qué podría hacer?

SIGUE BUSCANDO >>

PISTA 6: Tu mapa del tesoro
Mis notas...

. . . .
. . . .
. . . .
. . . .
. . . .
. . . .
. . . .
. . . .
. . . .
. . . .
. . . .
. . . .
. . . .
. . . .

PISTA 7
En busca del Propósito

Comprender y gestionar
tus emociones

¿Qué sientes, ahora mismo, mientras lees este libro? ¿Sientes curiosidad? ¿Esperas aprender algo acerca de ti? ¿Estás aburrido? ¿Te sientes feliz? ¿Estás distraído por una idea futura? ¿O te sientes triste porque estás atravesando una dificultad?

Cada una de estas son emociones y todas ellas forman parte de tu naturaleza. Las emociones nos informan acerca de lo que estamos viviendo y, lo más importante, nos ayudan a saber qué decisiones debemos elegir.

A diferencia de los bebés y los niños pequeños que sienten y muestran sus emociones sin la capacidad de nombrarlas o expresar por qué se sienten de esa manera, a medida que crecemos, podemos desarrollar nuestra capacidad para entender las emociones. Podemos identificar lo que sentimos y ponerlo en palabras, es decir, podemos aprender a construir nuestra conciencia emocional.

La conciencia emocional nos ayuda a develar lo que necesitamos y queremos (o no queremos). Nos ayuda a construir mejores relaciones. Esto se debe a que ser conscientes de nuestras emociones nos ayuda a hablar claramente sobre nuestros sentimientos, evitar o resolver mejor los conflictos y superar los sentimientos difíciles con mayor facilidad.

Algunas personas están naturalmente más en contacto con sus emociones que otras. La buena noticia es que todos pueden ser más conscientes de sus emociones. Solo hace falta entrenamiento emocional. Pero vale la pena el esfuerzo: la conciencia emocional es el primer paso hacia la construcción de la inteligencia emocional, una habilidad que te acerca a tu Propósito.

Tus emociones son las herramientas necesarias para tu Propósito.

Recuerda que:

- las emociones son un tipo de pensamiento;
- las emociones van y vienen. Sentimos muchas emociones diferentes durante el día, algunas que duran unos pocos segundos y otras que pueden durar un poco más, provocando un estado de ánimo;
- las emociones tienen distintos niveles de intensidad dependiendo de la situación y de la persona;
- no hay emociones buenas o malas, solo hay emociones, la clave es qué haces con ellas, cómo las expresas, cómo te las relatas a ti mismo, para actuar sobre ellas y comprenderlas.

Todas las emociones te dicen algo acerca de ti y de tu situación. Pero a veces nos resulta difícil aceptar lo que sentimos. No te servirá juzgarte por lo que sientes, ni pensar que no debes sentirte de una u otra manera, sino darte cuenta de lo que realmente sientes como punto de partida.

Registro emocional

Te propongo que crees tu propio registro emocional. Te sugiero que lo completes al término de cada día. Conserva tus registros emocionales diarios para poder releerlos y obtener tu mapa emocional.

1. Revisa lo que has sentido en el día de hoy y cuáles han sido los momentos en que te has sentido emocionado. Simplemente observa cualquier emoción que hayas sentido, dale un nombre en tu mente y anótalo.

   ....
   ....
   ....
   ....
   ....
   ....
   ....
   ....
   ....
   ....
   ....
   ....
   ....
   ....

2. Del 1 al 10 califica tus emociones del día usando 1 para las más leves y 10 para las más intensas.

   ....
   ....
   ....

. . . .
. . . .
. . . .
. . . .
. . . .
. . . .
. . . .
. . . .
. . . .
. . . .

3. Elige las emociones del día que se relacionan con tu Propósito y las que te alejan de él. Escríbelas en dos columnas.

. . . .
. . . .
. . . .
. . . .
. . . .
. . . .
. . . .
. . . .
. . . .
. . . .
. . . .
. . . .
. . . .
. . . .

— — — — — — — — — — — — — — — — Ⓧ

Esa antigua emoción

Entre todas las emociones, hay una muy poderosa, que desenfrenada es capaz de detener nuestra búsqueda de Propósito o el desarrollo del mismo. Nos referimos al miedo.

Aun cuando el miedo y el amor forman parte importante de nuestras vidas, **hemos sido más "entrenados" para temer que para amar.** Ya desde pequeños nos decían: "Cuidado que viene el cuco" o "Cuidado con los fantasmas". Hemos aprendido a movernos tan diestramente con esos miedos, que, de adultos, estas voces interiorizadas también nos mueven sustentadas por otros pensamientos.

El miedo es considerado la más antigua de las emociones en nuestra escala evolutiva. La RAE lo define como una "perturbación del ánimo que se presenta cuando la persona se enfrenta a situaciones de peligro, sean estas de carácter real o imaginario".

Si bien se trata de una emoción básica y universal, ya que todos los seres humanos tenemos miedo, se la ha dotado de mala fama. Esto hace que tener miedo pueda implicar cobardía, debilidad e inferioridad. Tanto se la ha combatido que algunos se animan a declarar: "No le tengo miedo a nada".

El miedo es nuestra reacción natural frente a un peligro. Se activa ante la presencia o percepción de un riesgo, sea este real o imaginario. El miedo puede nacer a partir de un pensamiento erróneo o no. Nos informa que una supuesta amenaza es mayor que nuestros supuestos recursos. Por supuesto que, como cada uno de nosotros ocupa un lugar y tiene una forma particular de observar el mundo, una misma situación, observada por dos personas diferentes, tendrá posiblemente también distintas interpretaciones. Así, lo que para algunos será una oportunidad, para otros significará una amenaza.

Frente a esa amenaza (real o imaginaria) nuestro cuerpo accionará comportamientos que buscan liberar ese sentimiento. A veces será huir, escapar de la situación que nos genera tensión; otras veces será atacar, como una manera de aliviar la presión de sentirnos amenazados; y en otras oportunidades será negar lo que sentimos, escondiendo la emoción para no tener que enfrentarnos a ella.

Como ya dijimos, la emoción del miedo no es ni buena ni mala. Igual que el dolor, es una emoción adaptativa, que nos es útil para nuestra supervivencia. De hecho, si analizamos nuestra historia ancestral, sin miedo no nos hubiésemos defendido de los depredadores.

Los miedos habituales que podemos sentir son el miedo a equivocarnos (miedo al fracaso), el miedo al rechazo, el miedo al éxito, el miedo a ser envidiados o criticados, y el miedo a la libertad.

El miedo es necesario, pero su exceso nos paraliza. Cuando se convierte en irracional, intenso y duradero, bloquea nuestras capacidades, imposibilita soltar nuestro potencial y vivir nuestro Propósito.

El miedo nos ayuda a anticiparnos, a superarnos y a crecer.

El miedo es específico, la ansiedad es general, ya que es una preocupación que apunta más bien hacia el futuro.

No te sientas culpable o avergonzado por sentir miedo.
Acéptalo y conviértelo en tu fuente de autoconocimiento.

Hay miedos lógicos y útiles (funcionales) y miedos inútiles. Si estás conduciendo tu automóvil por la ruta y ves que más adelante se está cruzando un animal, indudablemente sentirás miedo. Este es un miedo útil ya que te permite tomar las decisiones necesarias: encender la baliza y comenzar a frenar. En cambio, si te acuestas por la noche pensando que un animal cruzará por tu habitación, será un miedo inútil.

El miedo es funcional cuando actúa como una alarma, cuando detecta una amenaza, física o emocional.

Pregúntate:

¿Estoy escuchando mis miedos o los estoy evitando?

El miedo no es un problema, sino una señal que nos indica que existe un problema. Es como la luz que se enciende en el tablero del auto: la luz no es el problema, sino la encargada de avisarnos de la existencia de un problema. Entonces, es clave que aprovechemos esa señal, que no nos quedemos atascados en ella, y gestionemos las decisiones y acciones necesarias.

Declara:

Si no logro superar mis miedos, no voy a crecer.

Si no crezco, no me acerco a mi Propósito.

Los miedos que no gestiones te perseguirán durante toda la vida.

Pregúntate:

- ¿Qué haría si no tuviera miedo?
- ¿Con quién estaría?
- ¿Cómo sería mi vida si hiciera aquello que me da miedo?

Estas y otras preguntas te devuelven la responsabilidad y explican la clase de vida que has decidido vivir.

Si el miedo se desboca, se transforma en una emoción limitadora. Será entonces la gestión de nuestros pensamientos limitadores la clave para el manejo de estas emociones. Como son nuestros pensamientos los que se encargan de que esa emoción permanezca en nosotros y condicionen así nuestras respuestas y acciones, necesitamos conocer qué pensamientos la sostienen y modificarlos.

¿Cómo gestionar las emociones?

1. **Tomar conciencia**

   Aceptar que sentimos y que estamos viviendo/actuando por tal o cual miedo. El punto de partida para entender por qué actuamos como actuamos ante lo que nos sucede, nos permite tomar conciencia de nosotros mismos. Detrás de nuestros comportamientos están nuestras fortalezas y debilidades, nuestros deseos y necesidades. Solo cuando dejamos de esconder y evitar al miedo y aprendemos a mirarlo, generamos posibilidades para gestionarlo.

2. **Reinterpretar las amenazas**

   Todos los hechos que nos asustan están ocurriendo o van a ocurrir primero en nuestra mente. El que sufre no lo hace en la auténtica realidad, sino en la imagen que tiene de la realidad. Interpretar no significa que "así es" sino que "así lo pienso yo".

   Necesitamos entonces cuestionar la manera que tenemos de observar las cosas que nos pasan y procurar una perspectiva objetiva. Relativizar los hechos, no magnificarlos, dramatizarlos ni exagerarlos. Para esto, sirve de ayuda separar lo posible de lo probable:

- ¿Es posible que el avión se caiga? Sí, es posible.
- ¿Es posible perder el trabajo? Sí, es posible.
- ¿Es probable que el avión se caiga? Las probabilidades son 1 en 14 millones.
- ¿Es probable perder el trabajo? Si trabajas con cien personas la probabilidad es una en cien.

3. **Soltar lo que sentimos: deshacer el nudo emocional y corporal**

   Como el miedo es energía estancada, necesitamos localizar en qué lugar del cuerpo lo estamos sintiendo y así abrir una puerta de salida, que podrá ser el llanto, la risa, la respiración. Algunas prácticas como la risoterapia, la relajación o la meditación, entre otras, estimulan ese escenario emocional alternativo que despierta nueva energía para que emerjan nuevas posibilidades.

4. **Desarrollar nuestros recursos internos.**

   Se trata de pararnos sobre nuestras fortalezas. Para esto es importante realizar un inventario de nuestros recursos. Si no sabemos cuáles son, podemos consultarlo con un amigo. Todos nosotros disponemos un "CV de batallas ganadas". Es importante alimentar la creencia de que podemos afrontar lo que nos suceda en el camino. No es lo mismo "quitarnos el miedo" que "generar confianza". Por esto es necesario soltar los lastres que nos limitan, las creencias, las costumbres y los pensamientos que quizá nos sirvieron hasta ayer, pero que hoy nos impiden crecer.

La clave para enfrentar aquello que tememos es sustituir la dependencia por el coraje.

5. **Pasar a la acción**

   Actuar, de manera consciente y constante, hasta construir una nueva realidad. Dar un paso hacia aquello que nos provoca miedo. Los problemas no se resuelven solamente pensando, se resuelven actuando. Pasar a la acción necesita de un pequeño primer paso.

   ¿Tienes miedo a volar? Dar un pequeño paso puede ser pasear por al aeroparque, mirar una película de vuelos, hacer un curso informativo.

Pregúntate:

¿Qué me estoy perdiendo por miedo a perder?

Por miedo a perder, terminamos perdiendo.

CV de batallas ganadas

Es hora de comenzar a pararte sobre tus fortalezas. Para empezar, te propongo el siguiente ejercicio: escribe tu **CV de batallas ganadas**. Es un ejercicio libre en el que listarás cada una de las dificultades que hayas superado hasta hoy.

Te doy algunas ideas:

- Comienza por escribir tus datos personales y una frase que defina tu presente.
- Como en todo CV, escribe tu misión, es decir, tu sueño, aquello a lo que aspiras y para lo que trabajas.
- Puedes incluir los talentos con los que cuentas.
- Puedes organizar tu CV por edades o etapas de tu vida hasta hoy. Ten en cuenta que las dificultades pueden ser externas o internas, por lo tanto, una dificultad podría ser un hecho concreto como también una emoción que te conflictuaba y conseguiste gestionar.
- También puedes incluir qué harás para continuar mejorando tu CV, como por ejemplo los libros que podrías leer, las personas a las que podrías contactar y conocer, los eventos a los que asistirás.

SIGUE BUSCANDO >>

PISTA 7: Comprender y gestionar tus emociones
Mis notas...

PISTA 8
En busca del Propósito

La llave es comprometerse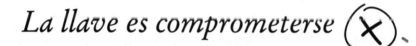

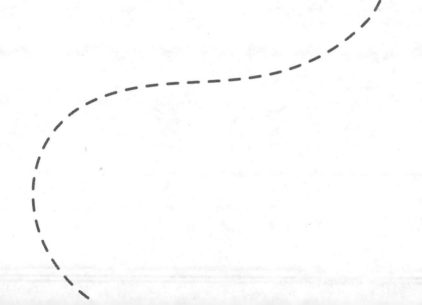

> "El precio de la grandeza
> es la responsabilidad".
>
> Winston Churchill

Quién no se ha levantado alguna mañana preguntándose: "¿Será la vida solamente esto?". Esa voz interior que te interpela es la voz de tu búsqueda que reclama ser escuchada. Es una voz que manifiesta que **el Propósito es una necesidad inherente a los seres humanos.**

Para descubrir nuestro Propósito no necesitamos mudarnos o irnos a vivir a otro país, donde haya más recursos o donde haya mayor necesidad. Donde estamos y con lo que hoy tenemos, podemos cumplir nuestro Propósito, es decir, aquello por lo que estamos y caminamos nuestra vida.

Por otra parte, creer y sentir que estamos donde debemos estar nos alivia, porque nos aporta paz y plenitud. Además, nos permite conectarnos con el aquí y ahora. **Nos da presencia.**

Desde tu lugar actual y con lo que tienes hoy puedes darle al mundo tu contribución, es decir, tu aporte para mejorarlo.

¿Quién soy? ¿Qué hago? ¿Qué tengo?

Buscar nuestro Propósito nos lleva a formularnos tres preguntas poderosas:

1. *¿Quién soy?*
   Cuando hablamos de ser, nos referimos a nuestra misma esencia, a aquello que nos otorga identidad. Somos seres valiosos, extraordinarios y únicos. No hay en el mundo una persona idéntica a otra, cada una tiene su ser, que la distingue y la encamina hacia su Propósito en la vida. Por lo tanto, hasta que no aprendamos a valorarnos, no podremos hacer nada por los demás, ni aún por nosotros mismos.
   Busca ser valioso antes que famoso.
   No se trata tanto de lo que hacemos sino de quiénes somos mientras estamos haciendo lo que hacemos.
   No se trata tanto de lo que queremos lograr sino de en quiénes debemos convertirnos para lograrlo.
   Somos más que un cuerpo. Somos más que una mente. Somos más que emociones. No somos lo que hacemos. No somos lo que tenemos. Somos mucho más que todo eso.
   Pregúntate:

   ¿Quién quisiera ser que hoy no estoy siendo?

Si hay una pregunta que ha cursado la historia de la humanidad es la de saber quiénes somos.

Nuestra identidad no está formada por los datos de nuestro documento. Nuestro nombre, el lugar y la fecha en la que nacimos, la dirección en la que vivimos, no la definen. Es información que no dice nada acerca de lo que pensamos de nuestro nombre, de lo que sentimos respecto del país en el que nacimos, de lo que creemos por la edad que tenemos. Tampoco dice nada acerca de nuestros sueños, ni de nuestros talentos, ni mucho menos de nuestro Propósito.

Nuestra identidad está formada por los rasgos propios que nos distinguen de los demás y nos define como quiénes somos.

Todos tenemos dos imágenes:

a. **Imagen Pública**

Lo que los demás ven y dicen de mí. Es tu reputación. Lo que los demás piensan que eres, no es quien realmente eres, es la imagen que ellos se formaron de ti.

Se trata de una etiqueta, una opinión, un juicio que la gente hace, por ejemplo, a una empresa ("en ese lugar se come muy bien"; "esa marca de ropa es de buena calidad"); a nosotros mismos en general ("ahí viene el despistado") o en alguna área particular ("ese es un amarrete").

Nadie se salva de las etiquetas: Batman es el enmascarado, Messi es la pulga, Tinelli es el cabezón. Pero, estar pendientes de la opinión de los demás anula nuestra autenticidad.

No desperdicies tu vida viviendo la vida para otros.

Debemos saber que la imagen pública es un capital valioso para nosotros. Lo que la gente piensa de nosotros nos puede abrir o cerrar posibilidades.

- Si la imagen que los demás tienen de ti no es buena, y tienen razón, busca a alguien de confianza para que te de feedback; pregúntate: *¿qué necesito incorporar en mi vida para cambiar esto?*
- Si la imagen que los demás tienen de ti no es buena, y no tienen razón, lo que los demás dicen de ti es injusto, por lo tanto, define si te interesa la opinión de esa gente.

b. **Imagen Privada**

Es lo que te dices a ti mismo, eres tú frente al espejo. Esta imagen que el espejo refleja se ha ido construyendo a lo largo del tiempo por el hogar, la religión, la educación, etc.

La buena noticia es que seguimos siempre en construcción.

Cuando estás solo, cuando te equivocas, cuando dijiste "sí" en lugar de decir "no", cuando... *¿qué te dices de ti mismo?*

2. *¿Qué hago?*

Ya sea que en este momento estés en la búsqueda de tu propósito o ya lo tengas identificado, seguir haciendo es fundamental a la hora de sentirte pleno en la vida por la conciencia de estar ofreciéndonos al servicio de la humanidad. Tal como decía Gabriel García Márquez, "La única forma de aprender a escribir es... escribiendo". Por esto, quien ama escribir, escribe todos los días y esto hará que pueda soltar al escritor que lleva adentro. Así, quien ama cocinar, al chef; quien ama la fotografía, al fotógrafo, quien ama liderar, al líder.

Nuestro hacer no debe ser errático, ni una vez cada tanto o cuando "lo siento". Si hemos decidido darle al mundo un legado, nuestro hacer deberá ser disciplinado, responsable, profundo y constante. Nunca más oportunas las palabras de Robin Sharma: "El aprendizaje es el hijo de la repetición".

Pregúntate: *¿Qué quisiera hacer que hoy no estoy haciendo?*

3. *¿Qué tengo?*

¿Qué sucede con nuestros talentos si no los expresamos? Pues lo mismo que le pasa a una planta cuando no recibe la luz del sol: no crece, se muere lentamente. Todo lo que tenemos, si lo guardamos, se echa a perder. En cambio, todo lo que damos nos regresa multiplicado.

Si tengo algo que no puedo soltar, entonces ese algo me tiene a mí.

Tienes más recursos de los que crees. Todos están en ti. Decide comenzar el camino de descubrirlos, porque ellos te hablarán de tu Propósito.

Pregúntate: *¿Qué creo tener? ¿Qué quisiera tener que hoy no estoy teniendo?*

Para terminar, toma conciencia de que:

- cada vez que tienes claro quién eres, procedes a hacer, a actuar en consecuencia, en coherencia con ese ser, con tus valores;
- cada vez que tienes claro quién eres, qué quieres hacer y tener, estás listo para comprometerte.

Sin compromiso, solo hay deseos y esperanzas.

SIGUE BUSCANDO >>

PISTA 8: La llave es comprometerse
Mis notas...

PISTA 9
En busca del Propósito

Revisar tu set de creencias

Todo lo que decimos y nos decimos está sostenido por nuestras creencias y valores. No hay forma de andar por la vida vacíos de creencias. Tener un set de creencias nos ayudará a sostenernos.

Nuestras creencias son nuestro capital.

Una creencia es el sentimiento de certeza sobre el significado de algo. Es una afirmación personal que consideramos verdadera. Por ejemplo, la frase "Todo es difícil es este país" es una creencia. Cuanto más lo decimos, más lo percibiremos como verdadero.

¿Cómo las adquirimos?

Las creencias son subjetivas. Se forman a partir de ideas que confirmamos o creemos confirmar a través de nuestras experiencias personales, de la educación que hemos recibido, de los recuerdos, etc.

La instalación de las creencias es relativamente rápida (para bien o para mal): "Esto no es para mí", "Ya está, nunca más".

Pregúntate:

¿Qué me digo cuando algo no sale bien?

Si hacemos algo y nos va mal, el cerebro almacena esa información como un "alerta o duda". En cambio, si nos va bien, el cerebro también la almacena y nos predispone con "seguridad".

Cuando una creencia se instala en nosotros de forma sólida y consistente, nuestra mente descartará aquellas experiencias que no tengan relación con ella.

Mucha gente considera que como para ellos sus creencias son ciertas, entonces todas las demás personas las compartirán. Otros evitan cuestionar sus propias creencias ya que esto podría generar un efecto dominó desestabilizando otras creencias relacionadas. Es por ello que somos, en muchas oportunidades, reacios a modificar algunas de nuestras creencias.

Las creencias afectan la percepción que tenemos de nosotros mismos, de los otros, del mundo que nos rodea y de las cosas que nos suceden.

Es a través de nuestro sistema de creencias y valores que damos significado y coherencia a nuestro modelo del mundo.

La realidad como tal no existe en sí misma. Como ya mencionamos, lo que hacemos nosotros es una elaboración mental de la misma. Es decir, nuestra vida tiene que ver más con la elaboración y representación de nuestro "mapa" mental (nuestro modelo del mundo) que con el "territorio" en sí.

No hay mapas "buenos" y "malos", pero es interesante destacar que las personas que viven con Propósito tienen un mapa de la realidad que les permite reconocer sus habilidades, plantearse objetivos, organizarse y ser eficientes en todo lo que emprenden.

Las creencias son una fuerza muy poderosa. Tienen el poder de moldear, influir y hasta determinar nuestra salud física, emocional, nuestro grado de felicidad y satisfacción.

Nos predisponen para la acción. Si alguien realmente cree que puede hacer algo, lo hará, y si cree que ese algo es imposible de hacer, nada logrará convencerlo de que se puede realizar.

Las creencias no son verdaderas o falsas, ni buenas o malas. Las evaluamos por su impacto: si nos abren posibilidades o las cierran, si nos movilizan o nos frenan, si nos expanden o nos limitan.

Si hay algo que se nos está dificultando, seguramente detrás de eso habrá una creencia. Por eso es importante diferenciar dos tipos de creencias:

- las que nos abren posibilidades, que nos facilitan la confianza en nosotros mismos y en nuestras capacidades, permitiéndonos afrontar con éxito situaciones complejas;
- las que nos limitan, que nos restan energía e inhabilitan para afrontar determinadas situaciones.

Para desenvolvernos con seguridad y avanzar hacia nuestro Propósito necesitamos conocer cuáles son nuestras creencias, modificar aquellas que nos limitan y conciliar los conflictos que puedan existir entre ellas.

Prueba de creencias

Te propongo un ejercicio para comenzar a trabajar acerca de las creencias que tienes aquí y ahora. Lee las afirmaciones de la lista y anota al lado de cada una la letra "L" si la consideras Limitante o la letra "F" si la consideras Facilitadora.

1. No puedo equivocarme.

2. Mantengo la calma en los conflictos.

3. Me hago responsable de lo que digo.

4. Si lo dice él/ella, así debe ser.

5. Soy como un mono con navaja.

6. Sé poner límites.

7. Lo que está enseñando ya lo sé.

8. Puedo vivir de acuerdo a mis valores.

9. La gente es complicada.

10. Acepto mis limitaciones.

11. Me tomo tiempo para pensar.

12. Los indecisos me ponen nervioso.

13. Somos hijos del rigor.

14. Me gustan las ideas nuevas.

15. El trabajo y la diversión son incompatibles.

16. Soy prudente.

17. ¿Qué puedo aprender del error cometido?

18. Respeto las emociones.

19. Siempre me costó más que a los demás.

20. Busco alternativas, aunque cuesten.

21. No basta con ser bueno, hay que ser el mejor.

22. El tiempo es tirano.

23. Honro mis compromisos.

24. Era su obligación hacerlo.

25. Las oportunidades se dan una vez en la vida.

26. Es sano reír.

27. Aprendo de todos y todo el tiempo.

28. ¿Qué tiene este para enseñarme?

29. Aspiro a entendernos.

30. Mostrar debilidad resta poder.

31. Prefiero pensarlo.

32. Lo que llega fácil, se va fácil.

33. Puedo adaptarme fácilmente.

34. Mejor me las arreglo solo.

35. Las críticas me hacen crecer, no los halagos.

36. Que los demás se adapten.

37. Acompaño a mi gente.

38. Termino lo que comienzo.

39. Soy así por ser de escorpio.

40. A los genios no nos entienden.

41. No voy a encontrar ningún trabajo interesante.

42. Seguramente seremos tantos que no me elegirán.

43. Aún no estoy preparado para postularme a ese puesto.

44. Seguramente me dirá que no, mejor me evito el ridículo.

45. Esto de las redes sociales es para los jóvenes.

46. Es demasiado difícil para mí.

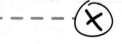

Presta atención porque en muchas ocasiones son tus creencias limitantes las que te impiden lograr tus proyectos. Por algún motivo a veces creemos que algo no es posible, que no contamos con la capacidad o que no hemos hecho lo suficiente para merecer aquellas cosas que queremos. Esto nos demuestra que lo que realmente nos impide alcanzar un objetivo no está tanto en el mundo exterior sino en nuestra mente.

Somos nosotros los que creamos los principales obstáculos.

Los filtros de las creencias

Para lograr un objetivo necesitas pasar tus creencias por los siguientes tres niveles o filtros:

1. *Que soy capaz de lograrlo*
   Cuando decimos que algo es imposible, lo que estamos diciendo es que todavía no sabemos cómo hacerlo.
   Declara:

   Me creo capaz, tengo las competencias, las habilidades para realizarlo. Y si creo que no las tengo, entonces leo, estudio, hago cursos, contrato a alguien que lo haga.

2. *Que merezco lograrlo*
   Cuando decimos que no merecemos algo, lo que estamos diciendo es que no creemos en nuestros valores ni nos tenemos buena estima.

Declara:

Me creo merecedor. Cuento con los valores y los talentos para obtenerlo, y trabajaré para seguir mereciéndolo.

3. *Que me permito lograrlo*
   Cuando no nos permitimos algo, lo que estamos diciendo es que no nos aceptamos tal como somos.
   Declara:

Me autorizo a mí mismo para hacerlo y lograrlo.

Toma este ejemplo como modelo para aplicar en tu propio objetivo: "Mi objetivo es leer un libro por semana". Para volverlo posible, repite las siguientes oraciones hasta que te sientas plenamente convencido de lo que dices:

- soy capaz de leer un libro por semana;
- me merezco leer un libro por semana;
- me doy el permiso para leer un libro por semana.

Cinco pasos para soltar creencias

El primer paso para crear tu set de creencias es identificar aquellas que no te facilitan el avance hacia tu Propósito. Te propongo entonces el siguiente ejercicio que te guiará para comenzar a soltar creencias limitantes.

Paso 1
Escribe tu creencia limitante:

....
....
....
....
....
....

Paso 2
Relee la creencia que escribiste y pregúntate:
¿Cómo lo sé?

....
....
....
....
....
....

¿Quién lo dice?

....
....
....

. . . .
. . . .
. . . .

¿Qué me genera esa creencia?

. . . .
. . . .
. . . .
. . . .
. . . .
. . . .

¿Dónde la aprendí?

. . . .
. . . .
. . . .
. . . .
. . . .
. . . .

¿Qué me dijeron en mi infancia al respecto?

. . . .
. . . .
. . . .
. . . .
. . . .
. . . .

¿Por cuál creencia la quisiera cambiar?

. . . .
. . . .

. . . .
. . . .
. . . .
. . . .

¿Cómo sería yo con esta nueva creencia?

. . . .
. . . .
. . . .
. . . .
. . . .
. . . .

¿Cómo me sentiría?

. . . .
. . . .
. . . .
. . . .
. . . .
. . . .

Paso 3

Repite en voz alta y en primera persona la nueva creencia que has escrito. Se trata de una creencia bebé así que habrá que alimentarla para que crezca sana y se fortalezca.

Mientras pronuncias tu nueva creencia, ¿la crees? Escribe lo que te surja debajo:

. . . .
. . . .
. . . .
. . . .

. . . .
. . . .

¿Hay personas cercanas a ti que tengan esta nueva creencia? ¿Cómo son?

. . . .
. . . .
. . . .
. . . .
. . . .
. . . .

Paso 4

Ahora reemplaza esta creencia por otra alternativa: ¿qué me gustaría decir de mí en otra situación?

. . . .
. . . .
. . . .
. . . .
. . . .
. . . .
. . . .

Las creencias que no te sirven, ¿para qué las sigues sosteniendo?

. . . .
. . . .
. . . .
. . . .
. . . .
. . . .
. . . .

Paso 5

Reflexiona y pregúntate: ¿qué tipo de creencias voy a elegir para transitar mi vida y encaminarme hacia mi Propósito?

....

....

....

....

....

....

SIGUE BUSCANDO >>

PISTA 9: Revisar tu set de creencias
Mis notas...

. . . .

. . . .

. . . .

. . . .

. . . .

. . . .

. . . .

. . . .

. . . .

. . . .

. . . .

. . . .

. . . .

. . . .

$\bigotimes$

En busca del Propósito

Reconocerse en los valores
y actuar en consecuencia

Los valores son los principios que guían tu vida, aquellas cuestiones que son realmente importantes para ti, lo que te motiva, o el motivo que está detrás de tus decisiones y acciones. Si los conoces, podrás comprender mejor cómo tomas tus decisiones, aquello que aceptas y aquello que para ti es inaceptable, y también lo que sueñas. Por otra parte, conocer los propios valores y respetarlos, (es decir, no solo decirlos y declararlos, sino también ponerlos en práctica), permite vivir una vida más cercana al Propósito, con más sentido y más plena.

Existen diferentes tipos de valores. Es importante que los tengas en cuenta a la hora de reconocer cuáles son aquellos que alientan y sobre los que se sustenta tu vida.

Una clasificación podría ser:

- **Valores del para qué**
  Son aquellos valores últimos que están detrás de todo lo que haces. Se orientan a la última finalidad y responden a la pregunta ¿para qué?
  Por ejemplo, ¿para qué lees este libro ahora? ¿Para aprender? ¿Para seguir creciendo? Y sobre estas respuestas preguntar: ¿para qué quieres aprender, para qué quieres seguir

creciendo? Si te preguntas para qué, cada vez que respondas a la pregunta, llegarás a un tema final que podría ser por ejemplo ser más feliz, realizarte, crecer emocionalmente, tener una vida más plena. Si sigues preguntándote para qué y no encuentras más respuestas, es que has llegado a un valor del para qué.

- **Valores recurso**

  Los valores recurso suelen ser aquellos que son importantes, pero no finales. Nos hacen falta para alcanzar otros valores más profundos. El dinero es un ejemplo de este tipo de valor. Si el dinero te importa mucho, pregúntate: ¿para qué necesito el dinero: es un recurso o lo necesito para algo más? Es importante que conozcas este tipo de valores sobre todo para que puedas diferenciarlos de otros que te permitirán conocerte de manera más profunda.

También podríamos clasificar los valores por su orden y ámbito como sociales, culturales, familiares, religiosos, corporativos, etc., respondiendo en este caso a lo importante dentro de cada ámbito y orden.

Todas las personas tenemos una jerarquía de valores que forma parte de una de las siguientes categorías:

- **Valores hacia los que tendemos**: son aquellos que deseamos alcanzar, ya que nos producen una gran satisfacción. Podrían definirse también como valores positivos. Por ejemplo: el cariño, el respeto, la paz, la felicidad, etc.
- **Valores de los que huimos**: son aquellos que nos producen desagrado o insatisfacción. Podrían definirse también como contravalores. Por ejemplo: humillación, frustración, manipulación, etc.

Es muy importante que conozcas tus valores y registres si estás viviendo según ellos. Ten presente que allí donde te enfocas se dirige tu pensamiento y tu acción.

Pregúntate:

¿En qué me enfoco diariamente?

Descubrir tus valores no es una tarea sencilla. Hay distintas maneras de hacerlo. Por ejemplo, un ejercicio que propone la Inteligencia Emocional es el de diferenciar valores de contravalores. Otra forma es recordar los momentos importantes en tu vida, tanto los buenos como los malos, y analizar qué valores se pusieron en juego en cada caso.

Los valores siempre están en nosotros y se ponen de manifiesto continuamente en lo que hacemos, decimos, sentimos y pensamos. Hay valores también detrás de aquello que no nos gusta y rechazamos. Por ejemplo, si no soportas la mentira es porque un valor importante para ti es la honestidad.

Puedes indagar respecto de los valores que han alentado tu vida hasta hoy pensando en qué ha sido lo más importante de tu vida desde tu infancia hasta hoy. Desde las personas que más te han importado o importan, las diferentes amistades y vínculos, la relación que has mantenido contigo. Detrás de cada episodio habrá un valor que te ha constituido o te constituye.

Siempre hay un para qué y un por qué detrás de todo. Pregúntate:

¿Qué me impulsa a estar con mi pareja, a cuidar a mis hijos?

¿Qué me mueve para tener mi grupo de amigos?

¿Qué me lleva a dedicarme a mi trabajo?

Incluso, detrás de nuestros hobbies o actividades en apariencia cotidianas, podemos encontrar nuestros valores. Tan solo cierra unos minutos los ojos e imagínate haciendo aquello que más disfrutas. Pregúntate: *¿para qué lo hago?* En esa respuesta encontrarás un valor importante para ti.

Observa los valores con los que estás viviendo actualmente, esos que están presentes en tu día a día, desde que te levantas hasta que te acuestas. Detrás de cada acción que realizamos (o sea, detrás de cada decisión que tomamos), hay una necesidad o un valor o ambas.

Recuerda:

Los valores designan aquello que realmente te importa.

A través de los valores podemos ordenar la jerarquía de nuestros intereses. Por ellos juzgamos si algo está bien o mal para nosotros.

Los valores definen nuestros pensamientos, por lo tanto, si los conoces, conocerás a qué le presta atención tu mente. Esto hace que los valores condicionen, consciente o inconscientemente, de manera permanente nuestro comportamiento, dirigiendo nuestras vidas y las relaciones que mantenemos con el resto de las personas.

Si conoces tu escala de valores y cuáles son los más importantes, podrás distinguir entonces cuáles son las motivaciones internas que te impulsan a actuar para alcanzar tus metas y cuáles son los estados que buscarás evitar.

Si cambias tus valores, cambias tu destino.

Por ello es importante que adoptemos o diseñemos valores y creencias que nos hagan la vida sencilla, que nos permitan disfrutar el recorrido de nuestra existencia y nos lleven a cumplir nuestro Propósito. A veces nos cuesta hacerlo, pero una manera de alcanzarlo es plantearnos dilemas imaginarios ante diferentes situaciones. Por ejemplo, si tuvieras que elegir entre dos valores en una situación extrema determinada, ¿cuál elegirías? ¿por qué? ¿para qué?

Por último, te propongo que observes si estás viviendo según tus valores, si realmente estás haciéndolos vivir en cada decisión y acción que realizas. Y sobre todo que pienses: *¿qué tiene que pasar para que pueda experimentar ese valor que es importante para mí?*

Porque, para acercarte a tu Propósito, no se trata solamente de reconocer qué es lo que realmente vale para ti, cuáles son tus principios y valores, sino que, una vez identificados, los vivas en plenitud.

> >

Tus imprescindibles

Dado que nuestros valores varían de vez en cuando, debido a las reflexiones o los hechos que vamos eligiendo y decidiendo, es importante revisarlos y considerarlos periódicamente. Te propongo entonces este ejercicio, que es una adaptación a partir de las ideas de Milton Rokeach, planteadas en su libro *La naturaleza de los valores humanos* (*The Nature of Human Values*, Nueva York, Free Press, 1973) para identificar tus valores y configurar **tus imprescindibles**.

¿Empezamos?

Paso 1

Lee con detenimiento la lista de valores o características personales. Identifica aproximadamente los 15 que son más importantes para ti, y márcalos con un asterisco o rodéalos con un círculo. Si consideras que alguno de tus propios valores no está representado en esta lista, puedes agregarlo. Por otra parte, en caso de que dos valores de la selección que has hecho estén muy relacionados entre sí o para ti representen prácticamente lo mismo, puedes escribirlos juntos como si fueran un solo valor. Así tendrás la posibilidad de incluir más valores en tu lista final.

1. **Afecto:** sentir y recibir aprecio, cariño, simpatía.
2. **Alegría:** estar contento, sentirse dichoso.
3. **Altruismo:** ayudar a los demás, hacer obras de caridad.
4. **Amabilidad:** ser afable, cordial, afectuoso.
5. **Ambición:** aspirar a la promoción y progreso profesional.
6. **Amistad:** tener amigos íntimos, compañerismo.
7. **Amor:** amar y sentirse amado.
8. **Aprendizaje:** tener afán por aprender.

9. **Armonía interior**: alcanzar la paz de la mente.

10. **Autoconfianza**: tener seguridad en uno mismo.

11. **Autoconocimiento**: conocer el propio carácter y temperamento.

12. **Autodisciplina**: tener fuerza de voluntad.

13. **Autoestima**: sentirse bien consigo mismo.

14. **Aventura**: lanzarse a nuevas y estimulantes experiencias.

15. **Belleza**: buscar la estética en la naturaleza, el arte o la vida.

16. **Bondad**: tener buenos sentimientos, ser capaz de perdonar.

17. **Compasión**: sentir lástima por los que sufren, ser caritativo.

18. **Competitividad**: tener espíritu vencedor.

19. **Conocimiento de otras culturas**: conocer el mundo, otras culturas, otras gentes.

20. **Cooperación**: colaborar con los demás.

21. **Creatividad**: ser imaginativo, innovador.

22. **Desarrollo personal**: ir en búsqueda de la autorrealización.

23. **Diversión**: reír, pasárselo bien.

24. **Educación**: tener buenos modales, ser cortés.

25. **Entusiasmo**: ser capaz de automotivarse.

26. **Espiritualidad**: buscar la conexión con un Poder Superior.

27. **Éxito**: conseguir los objetivos que uno se propone.

28. **Excelencia**: dar siempre lo mejor de uno mismo.

29. **Fama**: ser famoso, conocido.

30. **Felicidad**: vivir emociones positivas.

31. **Flexibilidad**: tener capacidad de adaptación.

32. **Fortaleza interior**: ser fuerte ante las dificultades, tener entereza.

33. **Generosidad**: ser desprendido, magnánimo, noble.

34. **Gratitud**: ser agradecido.

35. **Igualdad**: que haya igualdad de oportunidades para todos.

36. **Integridad**: actuar con honradez, rectitud.

37. **Inteligencia**: pensar de forma lógica, tener talento, agudeza.

38. **Involucramiento**: participar con los demás, sentido de pertenencia, comprometerse.

39. **Justicia**: ser ecuánime, imparcial.

40. **Lealtad**: comportarse de forma noble, ser fiel.

41. **Libertad**: ser independiente, autónomo, elegir libremente.

42. **Limpieza**: ser ordenado, aseado.

43. **Logro**: tener la sensación de logro, éxito o contribución.

44. **Mente abierta**: estar abierto a nuevas ideas y opiniones.

45. **Optimismo**: desarrollar una actitud mental positiva.

46. **Paz**: vivir en un mundo en paz, sin guerras ni conflictos; ser portador de paz.

47. **Perseverancia**: ser firme y constante.

48. **Placer**: disfrutar de los placeres de la vida.

49. **Poder**: tener autoridad e influencia sobre los demás.

50. **Profesionalismo**: trabajar con un alto desempeño.

51. **Prudencia**: actuar con sensatez y reflexión.

52. **Reconocimiento**: tener posición y prestigio social, ser respetado.

53. **Religiosidad**: tener fuertes creencias religiosas.

54. **Respeto**: ser considerado con los demás.

55. **Responsabilidad**: ser digno de confianza, cumplidor.

56. **Riqueza**: ganar dinero, hacerse rico, tener posesiones.

57. **Sabiduría**: comprender la vida, descubrir el conocimiento.

58. **Salud**: encontrarse bien física y mentalmente.

59. **Salvación**: alcanzar la paz eterna.

60. **Seguridad económica**: disponer de ingresos regulares y adecuados.

61. **Seguridad familiar**: familia nuclear o extendida que está a salvo.

62. **Seguridad nacional**: estar protegido frente a un ataque.

63. **Ser competente**: ser capaz, eficaz.

64. **Ser el mejor**: querer destacar entre los demás.

65. **Serenidad**: ser equilibrado, estar tranquilo y sosegado.

66. **Sinceridad:** ser franco y abierto.

67. **Sobriedad:** ser moderado, ponderado, discreto.

68. **Solidaridad:** apoyar a los demás en una causa justa.

69. **Tolerancia:** ser paciente, aceptar a los demás tal como son.

70. **Trabajo en equipo:** trabajar bien con los demás.

71. **Vida confortable:** tener una vida próspera y agradable, vivir bien.

72. **Valentía:** tener valor, defender las propias creencias.

73. **Vida emocionante:** vivir una vida estimulante o que suponga un desafío.

74. **Vitalidad:** tener energía y ánimo.

75. . . . .
. . . .

76. . . . .
. . . .

77. . . . .
. . . .

78. . . . .
. . . .

79. . . . .
. . . .

80. . . . .
. . . .

Paso 2

Ahora, de tu selección de 15 valores, identifica los 10 que son más importantes para ti y escríbelos en las líneas de abajo.

Los diez valores más importantes para mí son:

1. . . . .
. . . .

2. . . . .

. . . .

3. . . . .
. . . .

4. . . . .
. . . .

5. . . . .
. . . .

6. . . . .
. . . .

7. . . . .
. . . .

8. . . . .
. . . .

9. . . . .
. . . .

10. . . . .
. . . .

Paso 3

De tu lista de 10 valores, identifica los 5 que son más importantes para ti y escríbelos.

Los cinco valores más importantes para mí son:

1. . . . .
. . . .

2. . . . .
. . . .

3. . . . .
. . . .

4. . . . .
. . . .

5. . . . .
. . . .

Paso 4

Ahora ordena estos cinco valores del 1 al 5, tomando 1 para el valor más importante para ti y 5 para el menos importante.

Los cinco valores más importantes para mí en orden de importancia son:

Valor más importante: 1. . . . .
. . . .
Siguiente valor más importante: 2. . . . .
. . . .
Siguiente valor más importante: 3. . . . .
. . . .
Siguiente valor más importante: 4. . . . .
. . . .
Siguiente valor más importante: 5. . . . .
. . . .

Paso 5

Ahora que ya has identificado tus cinco valores más importantes, pregúntate de qué forma están presentes en tu vida. Describe dos o tres comportamientos para cada valor que demuestren que están realmente rigiendo tu vida.

Comportamientos:

Valor 1
. . . .
. . . .

. . . .
. . . .
. . . .

Valor 2

. . . .
. . . .
. . . .
. . . .
. . . .

Valor 3

. . . .
. . . .
. . . .
. . . .
. . . .
. . . .

Valor 4

. . . .
. . . .
. . . .
. . . .
. . . .
. . . .

Valor 5

. . . .
. . . .

· ·
· ·
· ·
· ·

Paso 6

Ahora pregúntate si quieres que estos valores sigan presentes en tu vida o si has decidido cambiarlos. Si decides cambiarlos, elige cinco valores que a partir de ahora quieres que rijan tu vida y anótalos a continuación.

Mis próximos cinco valores son:

· ·
· ·
· ·
· ·
· ·
· ·

¿Cómo vas a concretar estos valores en tus comportamientos?

· ·
· ·
· ·
· ·
· ·
· ·

SIGUE BUSCANDO >>

PISTA 10: Reconocerse en los valores
y actuar en consecuencia
Mis notas...

. . . .

. . . .

. . . .

. . . .

. . . .

. . . .

. . . .

. . . .

. . . .

. . . .

. . . .

. . . .

. . . .

. . . .

PISTA 11
En busca del Propósito

Descubrir el Ikigai (X)

> Sólo si permaneces activo
> querrás vivir cien años.
>
> Proverbio japonés

Ikigai es una de esas palabras de las que podemos aprender mucho. Es un término japonés formado por las palabras *ikiru*, vivir, y *kai*, que hace referencia a la materialización de lo que uno espera.

Juntas significan **materializar nuestro Propósito de vida.**

Ikigai no se relaciona con el trabajo o la fuente de ingresos. De hecho, en Japón no se felicita a los empleados cuando hacen bien su trabajo, ya que se da por hecho que deben hacerlo bien, por lo tanto, se utilizan las palabras *yarigai* o *hatarakigai*, que expresan el valor de hacer y el valor de trabajar. Como no guarda relación con la situación económica de la persona, para quien conoce su ikigai, las circunstancias (aun cuando no sean del todo satisfactorias) no son un impedimento para seguir adelante.

Ikigai va más allá: **busca el verdadero Propósito de la vida.**

Ikigai es lo que da sentido al futuro.

Por esto, los japoneses piensan que son las pequeñas alegrías del día a día o *seikatsu* las que conducen al Propósito.

Solo en la confluencia de lo que amas, en lo que eres bueno, aquello con lo que te puedes ganar la vida y lo que el mundo necesita, se encuentra tu ikigai, tu razón de ser.

De acuerdo a la cultura japonesa, todas las personas tienen un ikigai y encontrarlo requiere de una búsqueda profunda y, por lo general, prolongada en uno mismo.

Podemos decir que Ikigai es:

- el sentido de la vida;
- el Propósito de la existencia;
- lo que te realiza como persona;
- lo que tienes y el mundo necesita;
- la razón para levantarte cada mañana;
- lo que hace que tu vida sea valiosa;
- lo que quieres morir haciendo.

Por lo tanto, descubrir el propio ikigai trae satisfacción y sentido de la vida.

Pregúntate:

¿Cuál es mi ikigai? ¿Lo he descubierto?

La figura de arriba representa la confluencia
que conduce al encuentro del Ikigai.

Descubre tu Ikigai

Cada uno de nosotros encierra en sí mismo su propio ikigai. Sin embargo, aproximarse a él requiere de un profundo trabajo de reflexión, autoconocimiento y observación.

El siguiente ejercicio te ayudará a ir develando cuál es tu ikigai. A medida que respondas, puedes completar la figura.

1. Lo que más amo hacer es...

. . . .
. . . .
. . . .
. . . .
. . . .
. . . .

2. Soy muy bueno en o para...

. . . .
. . . .
. . . .
. . . .
. . . .
. . . .

3. ¿Qué tienen en común lo que más amas con aquello para lo que eres bueno? Eso es TU PASIÓN.

. . . .
. . . .
. . . .
. . . .

....

....

....

4. Lo que hago y me genera dinero es...

....

....

....

....

....

....

....

5. ¿Qué tienen en común lo que amas hacer, aquello para lo que eres bueno y lo que haces y te genera dinero? Eso es TU PROFESIÓN.

....

....

....

....

....

....

....

6. Lo que el mundo necesita de mí es...

....

....

....

....

....

....

....

7. ¿Qué tienen en común aquello que haces y te genera dinero con lo que el mundo necesita de ti? Eso es TU VOCACIÓN.

. . . .
. . . .
. . . .
. . . .
. . . .
. . . .
. . . .

8. ¿Qué tienen en común lo que más amas y lo que el mundo necesita de ti? Eso es TU MISIÓN.

. . . .
. . . .
. . . .
. . . .
. . . .
. . . .
. . . .
. . . .

9. ¿Qué tienen en común tu pasión, tu profesión, tu vocación y tu misión? Eso es TU IKIGAI.

. . . .
. . . .
. . . .
. . . .
. . . .
. . . .
. . . .
. . . .

10. Completa la figura con tus respuestas.

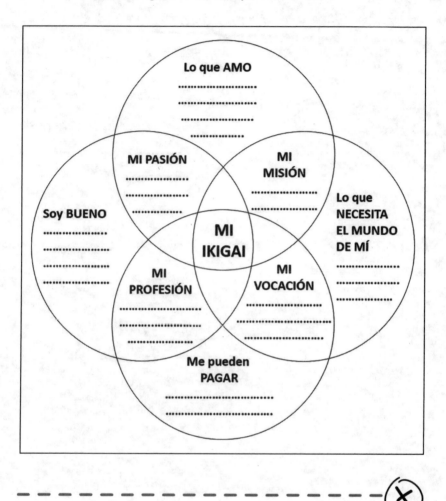

PISTA 11: Descubrir el Ikigai
Mis notas...

. . . .

. . . .

. . . .

. . . .

. . . .

. . . .

. . . .

. . . .

. . . .

. . . .

. . . .

. . . .

. . . .

. . . .

En busca del Propósito

Trabajar las prioridades Ⓧ

> "La mayoría de las sombras de esta vida
> se producen porque tapamos nuestro propio sol".

> Ralph Waldo Emerson

Trabajar es un aspecto fundamental de la vida humana. Lo que hace que el trabajo tenga sentido no es el trabajo en sí, sino nuestra actitud respecto al mismo, nuestra actitud en el mismo.

Cuando no estamos conformes con nuestro trabajo, cuando no encontramos sentido a lo que estamos haciendo, experimentamos monotonía, aburrimiento, agotamiento, hartazgo y todo esto origina sufrimiento.

A esta clase de sufrimiento lo llamo "sufrimiento espiritual". Es mucho más habitual de lo que pensamos, más doloroso de lo que imaginamos, llega a nuestras vidas por considerar que nuestro actual trabajo no guarda relación alguna con nuestro Propósito y por lo tanto nos desconecta de nuestro verdadero ser, de nuestra esencia.

El dinero deja de ser un estímulo, pasa a un segundo plano. Porque, después de todo, ¿qué cantidad de dinero puede compensar una vida llena de insatisfacción?

Lo triste de dedicar tu tiempo y energía en un trabajo al que no le encuentras sentido, es que de a poco vas apagando tu fuego interior.

Cada vez que no usas tu talento, sufres.

Todas las personas tienen al menos un talento. Está allí, en su interior, en estado latente. Y si no lo usan, se marchita, se olvida, se pierde.

Quizá trabajas en un lugar donde reina la hostilidad y la competencia. Donde el producto o servicio que se brinda pareciera que no brinda beneficio alguno a la humanidad. Entonces se produce un desfasaje entre quién eres y lo que haces.

Si esto es lo que te sucede, tienes dos opciones:

- cambias de trabajo

o

- cambias de actitud.

"Imposible, no puedo, si lo dejo, no cobro", es una respuesta posible. Sin embargo, no se trata de que no puedas, ¡puedes!, pero estás eligiendo quedarte porque el trabajo te da un sueldo. Estás eligiendo el sueldo.

Siempre estamos eligiendo algo. No es que no podamos cambiar aquello que nos ocasiona malestar, sino que estamos eligiendo otra cosa. Nos sentimos laboralmente víctimas, "explotados", porque pensamos que tenemos poca o ninguna elección en lo que hacemos.

Salvo contadas excepciones, podemos resignificar lo que hacemos diariamente y conectarlo con nuestro Propósito.

¿Cómo?

- Desplegando tu capacidad de ver lo que haces no con la vista, sino con la visión.
- Desplegando tu capacidad de pensar lo que haces no con la cabeza, sino con el corazón.

Así encontrarás ese "Para Qué" que llenará tu vida.

El Propósito laboral es un fuego interior que te permite celebrar cada acción que realizas, por pequeña o insignificante que parezca.

Ese fuego se refleja en tus ojos, en tu forma de hablar, en tu manera de andar.

El Propósito te corre del lugar de "simple perseguidor de metas" y te vuelve el diseñador de tu propia vida y éxito laboral.

El Propósito te lleva mucho más lejos que las metas.

El Propósito te permite fluir.

Confías en tu Propósito y ya no te preocupas si no ves claramente el panorama.

En el trabajo no puede faltar la pasión, el entusiasmo, el humor... y el amor. El mundo laboral actual exige que nuestro trabajo sea un romance.

Trabajar desde el amor conduce a una vida laboral más productiva, más plena y más feliz.

Pregúntate:

¿Creo en el trabajo que hago?

(X) – – – – – – – – – – – – – – – – – –

¿Cuál es tu prioridad?

Te propongo ahora que descubras tu prioridad, aquí y ahora. Realizarte preguntas y responderlas te ayudará a ponerte en comunicación contigo mismo, a despejar las actitudes y tareas mecánicas de aquellas que realmente son valiosas para ti. Tener conciencia de tus prioridades es un paso indispensable para resignificar tu trabajo y avanzar en el camino hacia tu Propósito.

1. ¿Qué tarea o aspecto de mi vida es impostergable?

. . . .
. . . .
. . . .
. . . .
. . . .
. . . .
. . . .

2. ¿Para qué tarea o aspecto es ideal mi momento presente?

. . . .
. . . .
. . . .
. . . .
. . . .
. . . .
. . . .

3. ¿Qué decisiones me permitirían ahorrar malestar?

. . . .
. . . .

. . . .
. . . .
. . . .
. . . .
. . . .

4. ¿Qué debería hacer y no estoy haciendo?

. . . .
. . . .
. . . .
. . . .
. . . .
. . . .
. . . .

5. ¿Qué no me perdonaría ni siquiera haber intentado?

. . . .
. . . .
. . . .
. . . .
. . . .
. . . .

6. ¿Cuál es esa tarea que me encantaría hacer y no estoy haciendo?

. . . .
. . . .
. . . .
. . . .
. . . .
. . . .
. . . .

7. ¿De qué problema o conflicto vengo escapando hasta hoy?

. . . .

. . . .

. . . .

. . . .

. . . .

. . . .

. . . .

8. Observa lo que sucede a tu alrededor. ¿Qué creo que debería estar haciendo ahora?

. . . .

. . . .

. . . .

. . . .

. . . .

. . . .

. . . .

— — — — — — — — — — — — — — — — — — — ⊗

Llevar adelante una vida con Propósito no es fácil ni está exento de problemas.

Vivir con Propósito es saber lo que queremos y necesitamos y por qué queremos y necesitamos eso.

Vivir con Propósito es tomar las decisiones correctas para caminar hacia lo que queremos y necesitamos, sin olvidar que los avances y los retrocesos forman parte del camino.

Tu Propósito le hace falta a la sociedad y al mundo.

Vivir sin rumbo, como coleccionistas de momentos instantáneos, no es vivir con Propósito.

Descubre cuál es el Propósito que te habla desde tu interior, que se manifiesta en cada una de tus experiencias, y recuérdalo cada mañana al despertar.

Tu Propósito es tu guía.

SIGUE BUSCANDO >>

PISTA 12: Trabajar las prioridades
Mis notas...

. . . .

. . . .

. . . .

. . . .

. . . .

. . . .

. . . .

. . . .

. . . .

. . . .

. . . .

. . . .

. . . .

. . . .

. . . .

PISTA 13
En busca del Propósito

Responder por la vida (X)

"El hombre no debería preguntarse
qué puede esperar de la vida, sino
que más bien debería comprender
que la vida espera algo de él.
Solo puede responder a su vida
respondiendo por su vida".

Víctor Frankl

Cada uno de nosotros nace equipado con una serie de talentos y aptitudes que nos facilitan hacer algo especial para los otros y para nosotros, una contribución al bien común. Algo que —como nos es propio— solo nosotros podemos hacer muy bien.

La pregunta entonces no es tanto "¿Cuál es el sentido de la vida?", que es una pregunta filosófica o religiosa, sino "¿Cuál es el sentido de MI vida?".

Apropiarte de esta pregunta te hará reflexionar acerca de los aspectos más profundos de tu ser.

Y responderla hará que descubras tu Propósito.

Descubre tu Propósito y tu vida cobrará sentido pleno.

El uso de la palabra "descubre" no es casual, pues se trata de destapar algo que antes estaba tapado, de ir más allá de lo evidente, de conectar con la propia misión.

Descubrir tu Propósito es un proceso continuo de revelación.

Por supuesto que ese Propósito, ese objetivo trascendente de tu alma, no es algo que encontrarás y luego exhibirás para que los demás observen y admiren como si fuera un trofeo. La búsqueda del Propósito atraviesa la vida entera, por lo tanto, deberás desarrollarlo, cultivarlo, mejorarlo.

Recuerda:

Siempre habrá una nueva característica sobre tu misión que esté terminada y siempre habrá una que necesite ser perfeccionada.

• • •

El Propósito se manifiesta como un llamado a SER y HACER algo.

El HACER que implica tu Propósito requiere que esté respaldado por tu SER. Ten presente que Propósito no es solo lo que haces, sino también lo que eres.

Propósito es una forma de ser en la vida.

Todo lo que puedas hacer, lo harás mucho más efectivamente, con mayor nivel de conciencia, si sabes quién eres. En realidad, si sabes quién estás siendo en este momento.

Pregúntate:

¿Quién soy ahora?

Si tu respuesta es sombría, imprecisa y vaga, es porque hoy este es el principal obstáculo que detiene tu potencial, limita tus posibilidades y te mantiene alejado de tu Propósito. Este tipo de respuestas te hace creer que no estás a la altura de tu Propósito, te hace retroceder. Te susurra al oído: *"Otro podrá hacerlo mejor que yo"*.

Por eso, detente.

Imagina que esa respuesta toma forma corpórea, mírala a los ojos y respóndele:

"¡No! Nadie podrá hacer aquello para lo que he sido llamado".

Repite esta creencia en tu mente cada día, frente a cada duda, conflicto u obstáculo, y estarás iluminando tu Propósito.

Tus habilidades son únicas porque eres único y lo que tienes para ofrecer al mundo es también único y especial. No eres el actor de reparto de la gran obra de tu vida, eres el actor principal, el protagonista. Tu vida importa y tiene su propio sentido.

Escucha la voz más profunda de tu ser interior, hambriento de sentido, que te despierta para llevarte de la insatisfacción a la sana ambición. Una voz que te acompaña desde siempre, y que tal vez proviene:

- de un dolor: una herida latente o un daño ya resuelto y cicatrizado;

- de sentirte incómodo: aun cuando te está yendo bien en muchas áreas, sigues sintiéndote "vacío". No es el descontento del que siempre quiere más, sino del que sabe que debe haber algo más;
- de sentirte cómodo: de querer superarte, de saber que puedes ser la persona que estabas destinada a ser.

Tu Propósito situará tu vida bajo una nueva perspectiva. Te liberará de la pesada carga del "Tengo que" y te llevará al mundo del "Elijo".

Recuerda que descubrir tu Propósito es tu manera de contribuir con el bien de la humanidad. Lo que has recibido no es solo para ti, sino que cobra auténtico sentido cuando lo entregas. Tus dones, talentos, sensibilidades, esperan ser descubiertos para ser ofrecidos al mundo.

Dar y recibir son las agujas que ponen en movimiento un nuevo tiempo, el tiempo del sentido, un tiempo con Propósito.

Cuando compartes tus dones y talentos con otros, ellos también puedan satisfacer sus objetivos. Esto es muy poderoso, porque activa la rueda de la vida, y recrea sentido.

Así, tu Propósito se manifiesta cuando sirves generosamente a alguien. Por ejemplo, recuerda aquella vez que ayudaste a tu amigo simplemente porque lo amabas, sin ningún otro tipo de interés egoísta. En ese gesto desinteresado de servicio sentiste completitud. Esa sensación expresó Propósito. Cuando das, tu Propósito sonríe. Eso de ti que pusiste a disposición de tu amigo ya estaba disponible en tu interior. Constituye una parte de tus recursos internos. Son semillas que te han sembrado en tu nacimiento y que necesitan ser cultivadas.

Declara:

Los talentos que poseo tienen el poder de bendecir a otros y me permiten vivir una vida de riqueza y satisfacción.

Algunos de estos recursos nos brotan naturalmente y otros requerirán de nuestro trabajo, esfuerzo y entrenamiento. Algunas capacidades ya están maduras, y otras necesitan desarrollo y esfuerzo. A veces te será fácil aceptar que eres bueno en algo, otras veces te resultará más difícil encontrar alguna fortaleza interna.

Es muy importante que sepas que **cuando sirves al prójimo dejas de compararte con los demás.** Asumir desde lo profundo de tu ser, con fe y convicción esta creencia, elevará tu experiencia a una dimensión superior de existencia y te acercará a tu Propósito.

Sabes y experimentas que eres único, que tu vida cuenta, que quien eres y lo que tienes es único. No se trata de ser "mejor que otro" sino de "ser la mejor versión de ti mismo" en cada momento. La mejor versión de ti nunca será la misma que la anterior, porque en cada oportunidad estará alimentada por las decisiones que hayas tomado y las acciones que hayas elegido.

Tus talentos son como puertas que se abren para dejar salir energía natural y espiritual. Son el medio que dispones para expresar lo infinito en lo finito. Están en tu interior y constituyen tus activos cruciales. Son como tesoros ocultos. Quizá para descubrirlos debas perdonarte algo que has hecho y te remuerde la conciencia. Quizá debas perdonar a alguien, liberar a esa persona que te hizo daño, de palabra o de hecho.

A medida que tomes consciencia de esto, tus talentos adquirirán una nueva dirección y Propósito.

Pregúntate:

¿Soy consciente de mis talentos?

¿Acepto que he sido equipado con lo que necesito para satisfacer mi Propósito?

Busca a alguien que esté transitando una situación similar a la tuya, y ofrécele ayuda. Te resultará liberador y gratificante ayudar a otro mientras tú mismo sales adelante de una situación.

Anímate. Se intrépido. Haz lo que piensas que no sabes o que crees que no puedes hacer por falta de recursos. Quizá te sorprendan tus resultados. Te confirmarán si careces de ellos y te impulsarán a desarrollarlos.

El poder secreto de tus debilidades

Te propongo ahora que escribas una lista de las cosas que no te gustan de ti. No te apures, reflexiona, piensa en situaciones concretas e intenta encontrar entre ellas eso que no te conforma o disgusta. Luego busca nombrarlas de manera clara, y si es posible con una palabra. A continuación, procura tener para cada una de ellas una nueva lectura para descubrir el poder secreto de tus debilidades. Tal vez allí también se exprese, de manera distorsionada y esperando un nuevo cauce, tu Propósito. Ten en cuenta que, a veces, no es sencillo encontrar bondad enterrada en las debilidades, pero bien vale el esfuerzo de buscarla.

Lo que no me gusta de mí	La bondad oculta de lo que no me gusta de mí
. . . .	. . . .
. . . .	. . . .
. . . .	. . . .
. . . .	. . . .
. . . .	. . . .
. . . .	. . . .
. . . .	. . . .
. . . .	. . . .
. . . .	. . . .
. . . .	. . . .
. . . .	. . . .
. . . .	. . . .

El Propósito no tiene límites de edad. En cualquier momento, en cualquier lugar, hay cosas que puedes hacer relacionadas con él.

Nadie puede vivir tu Propósito. Es tuyo, te pertenece.

Es tu poder activarlo.
Es tu misión concreta en la vida.
Los talentos y habilidades que posees son tu equipamiento natural para cumplir tu misión.

- **Recuerda tu niñez:**
  ¿cuáles eran tus talentos más evidentes? ¿Qué era lo que amabas hacer? Pregunta a tus padres si no lo recuerdas.
- **Recuerda tus éxitos anteriores:**
  ¿qué has hecho en el pasado que benefició a otros? ¿Qué talentos utilizaste para ello?

>>

Mapa de talentos

1. Elije 12 verbos que reflejen mejor lo que te entusiasma.

Evaluar	Comenzar	Estudiar	Estar	Leer	Manejar	Reunir
Aconsejar	Defender	Decidir	Aliviar	Llevar	Manifestar	Saber
Modelar	Componer	Reconocer	Crear	Describir	Sentir	Sanar
Adquirir	Viajar	Demostrar	Explicar	Acordar	Mediar	Trabajar
Afectar	Producir	Dibujar	Significar	Mejorar	Debatir	Ayudar
Continuar	Imple-	Educar	Extender	Presentar	Afirmar	Conocer
Amar	mentar	Ejecutar	Facilitar	Servir	Mostrar	Vender
Recibir	Participar	Reflexionar	Financiar	Perseguir	Motivar	Coleccionar
Aprender	Enseñar	Armar	Generar	Valorar	Negociar	Visitar
Identificar	Responder	Preguntar	Gustar	Preparar	Oír	Abrazar
Avanzar	Conectar	Liderar	Hablar	Decir	Correr	Cambiar
Bailar	Renovar	Elegir	Idear	Promover	Organizar	Adoptar
Buscar	Acariciar	Apreciar	Brillar	Proveer	Pagar	Compartir
Calmar	Conseguir	Improvisar	Entretener	Realizar	Pensar	Entregar
Apoyar	Construir	Satisfacer	Soltar	Recordar	Orar	Llamar
Dirigir	Contactar	Andar	Iluminar	Luchar	Entusias-	Divertir
Progresar	Contar	Escuchar	Mantener	Comunicar	mar	Expresar
Cantar	Sonreír	Relacionar	Descubrir	Validar	Regalar	Regresar
Cocinar	Convocar	Escribir	Integrar	Restaurar	Respetar	Sostener
Inspirar	Cuidar	Ofrecer	Jugar	Entender	Fomentar	
	Dar				Hacer	

2. De los 12 elegidos ahora quédate con los 3 que más te representen:

1. ....
2. ....
3. ....

3. Elige los tres grupos o áreas de interés que más te atraigan:

La familia	Las acciones sociales
La educación	Los medios de comunicación
La salud pública	Los ancianos
Los niños	Los pobres
La agricultura	Las adicciones
Los jóvenes	Las empresas
La iglesia	Los enfermos y desvalidos
La salud	La literatura
La literatura	La moda
La danza	Las relaciones laborales
La alimentación	La administración de empresas
Las finanzas	Los recursos energéticos
El sistema de justicia	La política
La religión	La tecnología
La seguridad pública	El turismo
Los animales	Los asuntos fronterizos
La sexualidad	El arte
Los deportes	La espiritualidad
La defensa	El medio ambiente
Los viajes	Los refugiados

Grupo A . . . .
Grupo B . . . .
Grupo C . . . .

4. Ahora regresa a la Pista 4 de este libro y de tu lista de valores quédate con los 3 que más te representan:

Valor 1 . . . .
Valor 2 . . . .
Valor 3 . . . .

5. Escribe tus conclusiones:

Las 3 cosas que más me gusta hacer son:
. . . .
. . . .
. . . .

Mis 3 valores más importantes son:
. . . .
. . . .
. . . .

Quiero ponerlos al servicio de:
. . . .
. . . .
. . . .

SIGUE BUSCANDO >>

PISTA 13: Responder por la vida
Mis notas...

PISTA 14
En busca del Propósito

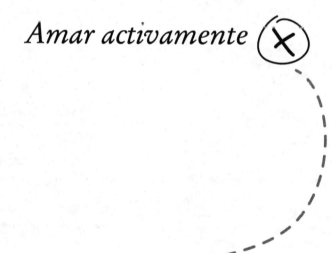

Amar activamente

La **Pasión** es una energía dirigida por el entusiasmo. Podríamos definirla como **amor en acción**.

Lo opuesto a la pasión es la monotonía, la inercia, esa zona de confort en la cual, si bien no estamos del todo contentos, tampoco estamos tan mal. Un espacio en el que nos sentimos:

- cómodos, pero no plenos;
- seguros, pero no motivados;
- sin riesgos, pero sin innovación.

Permanecer en esta zona nos genera más miedo a perder que alegría por ganar. Mientras el miedo nos hace "alejarnos de", la Pasión nos hace "acercarnos a". Uno y otro activan en nosotros movimientos contrarios, limitantes o expansivos.

El miedo nos aleja de personas, situaciones y posibilidades.

La Pasión nos acerca a objetivos y proyectos, al Propósito.

La Pasión tiene amigos, como la insatisfacción, la visión, la creatividad, la intuición y la responsabilidad; y enemigos como el miedo, la resignación, el conformismo, la comparación y la apatía.

Pregúntate:

¿En qué zona estoy en cada aspecto de mi vida?

¿Qué necesito para salir de mi zona de confort?

En principio, para salir de tu zona de confort necesitas tener una visión mayor que tu temor. Como ya mencionamos en otra pista de este libro, el miedo es una emoción que se activa ante la presencia o la percepción de un peligro, ya sea real o imaginario. La mayoría de las veces no tiene una base real. Pero recuerda que la reacción del miedo puede paralizarte o promover nuevos aprendizajes que te acercarán a ti.

El miedo puede dejarte donde estás o puede ponerte en acción.

Dependerá de ti transformarlo en acción y no en parálisis.

Pasión es una energía que surge cuando te conectas con un Propósito significativo.

¿Te apasiona lavar tu auto? Muy probablemente contestes que no. Pero te avisan que hay un extranjero coleccionista de automóviles que acaba de verlo y está interesado en comprártelo a un valor muy superior al de mercado. ¿Qué haces entonces? ¡Ahí mismo lo llevas al lavadero para el mejor lavado, con la mejor cera! ¡Que brille! ¿Qué pasó entonces con tu disgusto anterior? Lo que sucedió es que tuviste un **motivo poderoso** para hacerlo. Encontraste un Propósito.

El Propósito despierta la motivación, es decir, un motivo para la acción: Motivo + Acción. Te provee de las razones suficientes para hacer lo que sea necesario para lograr tu visión.

El Propósito libera tu Pasión.

Cuando tienes un Propósito, tu visión es lo suficientemente motivadora para impulsarte a hacer y mantenerte enfocado. Sin eso, todo obrar carece de sentido. Sin eso, la energía será solo entusiasmo pasajero, y la postergación y el abandono te encontrarán a la vuelta de la esquina.

Pregúntate:

¿Para qué continúo haciendo algo que no llena mi vida?

¿Para qué gasto tiempo, energía, recursos, en algo que siento que no lo vale?

¿Para qué hago lo que hago?

Es importante que encuentres las respuestas ya que te brindarán fuerza y poder. Respuestas que te aportarán el combustible y la energía para todo el viaje. Tus talentos surgirán y se alinearán detrás de ese Propósito. Se conectará cada habilidad, cada capacidad, para hacer de tu vida una gran aventura. Darás lo mejor de ti. Nada representará un "sacrificio". No necesitarás que te motiven desde afuera, tu Pasión surgirá de tu interior. No necesitarás los dictados de tu razón, tu corazón te dirá lo que debes hacer.

¡Ah! Y dile a tu cuerpo que ya tienes Propósito. Camina erguido, mueve tus manos, gesticula, respira como alguien que sabe para qué está en la tierra... porque ahora sabes para qué estás en la tierra. Ahora son los demás quienes deben verlo en ti. Que tu cuerpo muestre lo que tu corazón anhela.

Los aliados de la pasión

Aquello que te apasiona no es algo que descubrirás en un evento. Se irá manifestando a medida que avances. En ese avance necesitarás algunos aliados:

- **Paciencia**: para comprender que se trata de un proceso, de una continuidad. Permite que cada momento cuente.
- **Paz**: para aceptar las cosas que nos suceden y que muchas veces no nos gustan. No implica resignación, sino reconciliación con los hechos.
- **Creencias**: para asumir que estamos donde estamos porque creemos lo que creemos; cada día estaremos allí donde nos lleven nuestras creencias. La pasión está en la sangre, la creencia en el corazón.
- **Fe**: que te dará "la certeza de lo que se espera y la convicción de lo que no se ve".

Recuerda estas cuatro ideas poderosas:
1. Donde no hay Creencia, la Pasión muere.
2. Donde no hay Pasión, la Creencia abandona.
3. La Fe te permite sostener el proceso que la Pasión te indica.
4. La Pasión es el cartel indicador, la Fe la carretera por la que circulas.

Identifica tu pasión

A continuación, te propongo que respondas una serie de preguntas que te ayudarán de guía para encontrar tu Propósito:

1. ¿Qué es lo que te apasiona, te atrae, te seduce?

....
....
....
....
....
....

2. Si tuvieras el tema del dinero resuelto, ¿en qué trabajarías?

....
....
....
....
....
....

3. ¿Cuál crees que es tu mayor talento?

....
....
....
....
....
....

4. ¿Dónde estás produciendo resultados de calidad?

....

....

....

....

....

....

5. ¿Por qué rasgos de tu personalidad quisieras ser reconocido?

....

....

....

....

....

....

6. ¿Por qué tipo de servicios la gente te reconoce?

....

....

....

....

....

....

7. Mira hacia atrás: ¿qué actividades realizaste que te generaron un sentimiento de satisfacción y plenitud?

....

....

....

....

. . . .

. . . .

8. Si fueras a vivir a un lugar donde nadie te conoce, ¿en qué quisieras ocuparte?

. . . .

. . . .

. . . .

. . . .

. . . .

. . . .

— — — — — — — — — — — — — — — — — — ⊗

SIGUE BUSCANDO >>

PISTA 14: Amar activamente
Mis notas...

. . . .

. . . .

. . . .

. . . .

. . . .

. . . .

. . . .

. . . .

. . . .

. . . .

. . . .

. . . .

. . . .

. . . .

. . . .

PISTA 15
En busca del Propósito

Conectar con tu ser espiritual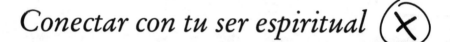

> "Escoge un trabajo que te guste,
> y no trabajarás ni un solo día de tu vida".
>
> Confucio

> "No has vivido el día de hoy hasta haber hecho
> algo bueno por alguien de quien estás seguro
> que no podrá devolverte el favor".
>
> Juan Bunyan, *El progreso del peregrino*

Cuando dos personas se conocen, lo primero que se preguntan —después del nombre— es "¿A qué te dedicas?". Aquello que hacemos diariamente nos hace a nosotros. **Somos lo que hacemos, hacemos lo que somos.** Nuestro trabajo va dando forma a nuestra identidad.

Pregúntate:

*¿Eso a lo que me dedico diariamente me gratifica?
¿En qué sentido me gratifica?*

¿No me gratifica?

¿Hasta qué punto me molesta sentir que estoy haciendo algo que no me da placer?

¿Qué me impide hacer lo que realmente amo hacer?

¿Siento que aquello que hago tiene valor para mí y para otros? ¿En qué sentido lo tiene?

El Propósito no está en un lugar específico sino donde cada uno de nosotros se desenvuelve. Cuando consideras que lo que haces es valioso para ti y para otra gente —que te rodea o no, que conoces o no— trasciendes tu propia realidad, te comprometes con las necesidades de los demás. Entonces es mucho más probable que disfrutes lo que haces. Nos construimos a nosotros mismos cuando ayudamos a que otros también se construyan.

Dos peces jóvenes se encuentran nadando corriente abajo y se cruzan con otro pez que nada en dirección contraria: "Buenos días", los saluda. "¿Cómo está el agua?". Ambos peces sonríen y siguen su recorrido. Más adelante, uno de los dos se detiene y le pregunta al otro: "¿Qué es el agua?".

Esta historia refleja lo que significa vivir en el Propósito. Nos sentimos en nuestro hábitat natural, plenos y a gusto.

Descubrir tu Propósito no solo es vital para comprender quién eres, sino para saber quién puedes llegar a ser y qué puedes llegar a hacer. **Entrar en tu Propósito cierra la brecha entre la persona que eres y la que deseas ser.** Ten en cuenta que lo que obtengas en la vida será por desarrollar lo que eres tú, no lo que es tu familia. Corre tu propia carrera. Sigue tu propio sueño.

Esta búsqueda consiste en:

- un viaje a tu mundo interior:

  para descubrir lo que hay dentro de ti: talentos ocultos, pensamientos, sentimientos, creencias, valores;

- un viaje al mundo exterior:

  para descubrir las oportunidades que te ofrece. Recuerda que percibes el mundo externo a través de tu mundo interior.

A veces, encontrar el Propósito se nos revela repentinamente, y otras gradualmente. Como sea, comienza. Propósito no es una acción, es un estado que te lleva a la acción.

El crecimiento del Propósito se logra con el tiempo. Paso a paso. Un paso a la vez. Un día a la vez.

Realiza cada día aquello que quieras hacer siempre.

Encuentra diariamente alguna manera para mejorar una parte de tu Propósito.

Pregúntate:

¿Qué me gustaría hacer hoy que aún no he experimentado?

¿Me comprometo a hacerlo?

¿Cuáles creo que son mis talentos naturales?

¿En qué circunstancias me di cuenta por primera vez que los tenía?

Recuerda ser agradecido por tus dones, sino tus dones se volverán una carga.

>>

Test de autoconocimiento

1. Completa las columnas de la tabla de abajo. En la primera, escribe las actividades que más te gustan y que sabes que haces muy bien; en la segunda, aquellas que te gustan pero que reconoces que haces relativamente bien; y en la tercera, aquellas que te gustan pero que crees no hacer bien.

Me gusta y lo hago bien	Me gusta pero lo hago relativamente bien	Me gusta pero no lo hago bien
. . . .	. . . .	. . . .
. . . .	. . . .	. . . .
. . . .	. . . .	. . . .
. . . .	. . . .	. . . .
. . . .	. . . .	. . . .
. . . .	. . . .	. . . .
. . . .	. . . .	. . . .
. . . .	. . . .	. . . .
. . . .	. . . .	. . . .
. . . .	. . . .	. . . .
. . . .	. . . .	. . . .
. . . .	. . . .	. . . .
. . . .	. . . .	. . . .
. . . .	. . . .	. . . .

2. Relee tus listas. ¿Estás satisfecho con lo que has escrito? ¿Qué modificarías? ¿Qué agregarías? ¿Alguien te sorprendió diciéndote alguna vez que eras bueno en algo que no te imaginabas?

3. Lee la primera columna: ¿son actividades que verdaderamente te gusta hacer? Mucha gente es muy buena haciendo determinadas actividades, pero no disfruta de hacerlas. ¿En qué te basas para decir que eres bueno en ellas?

4. Lee la segunda columna: ¿en qué te basas para decir que las haces más o menos? ¿Cuántas veces lo intentaste? ¿Cuáles fueron tus experiencias al respecto? ¿Te interesaría hacerlas bien o te son indiferentes?

5. Lee ahora la tercera columna: ¿en qué te basas para decir que no eres bueno en ellas? ¿Has probado maneras diferentes de hacerlo? ¿Cuántas veces lo intentaste? ¿Qué podrías hacer para que lo que escribiste allí pase al listado de lo que haces relativamente bien?

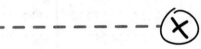

Conectar con tu ser espiritual

Tu Propósito —igual que tú— evoluciona con el paso del tiempo. A medida que creces, él también crece; a medida que maduras, madura él también; a medida que te transformas, también tu Propósito se transforma.

Tu Propósito te conecta con tu ser espiritual y tu ser espiritual te conecta con tu propósito: al fin y al cabo, descubrimos nuestro Propósito, pero él también nos descubre a nosotros.

El Propósito no nos consume energía, por el contrario, la alimenta y multiplica. Hacemos lo que hacemos con pasión y eso mismo nos retroalimenta, por eso, cuando el día termina, estamos cansados físicamente, pero renovados espiritualmente.

Pregúntate:

¿Qué tipo de actividades liberan mi espíritu y me generan energía?

Si le preguntáramos a cualquier persona qué espera de su vida, posiblemente nos responda "Ser feliz". Sin embargo, "ser feliz" representa algo diferente para cada persona. Podríamos generalizar diciendo que es un estado de satisfacción, de comodidad, de plenitud, donde nos sentimos bien con nosotros mismos y contentos con la vida. "La felicidad no es exaltación ni euforia, esa sería alegría. La felicidad es un estado de bienestar, de paz y serenidad. La felicidad es un telón de fondo donde uno tiene la oportunidad de pintar la vida con emociones positivas", sostiene el doctor Daniel López Rosetti.

La felicidad proviene de nuestro interior, no está fuera de nosotros ni se trata de un estado material. Ser feliz no equivale a poseer muchos bienes (¿o nos poseen?) ni a tener una cuenta corriente abultada. Si bien las necesidades básicas deben estar cubiertas, el bienestar económico poco tiene que ver con el nivel de felicidad que alcancemos. Apenas incide.

La felicidad es un estado de bienestar interior que puede ser creado.

Eres tú quien debe crear las condiciones que te permitan ser feliz, independientemente de las circunstancias.

En una pista anterior nos referimos a Martin Seligman, quien es considerado el padre de la Psicología Positiva y autor de una Teoría de la Felicidad. El prestigioso psicólogo plantea que no solamente es posible alcanzar la felicidad, sino también cultivarla con las características propias de cada persona. Más tarde, al comprender que el excesivo uso de la palabra felicidad hizo que se perdiera su sentido, elaboró una Teoría del Bienestar o Modelo PERMA, un acrónimo que engloba los cinco factores principales de esta teoría, y que describe lo que básicamente la inmensa mayoría de la gente elige para incrementar su bienestar.

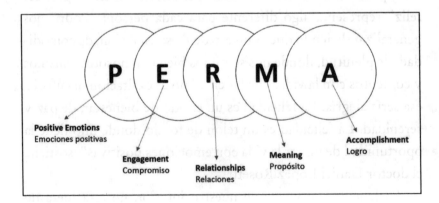

Veamos:

1. **P:** *Positive Emotions* o **Emociones positivas**

   Supone aumentar la cantidad de emociones positivas, no a costa del intercambio o transposición con las negativas, sino como herramienta para lidiar con ellas. Las emociones positivas como la gratitud, la serenidad, el orgullo, el asombro, el amor, el interés, la esperanza, la alegría, nos permiten experimentar bienestar en nuestras vidas. Impactan en nuestra salud y en la calidad de nuestras relaciones.

2. **E:** *Engagement* o **Compromiso/Involucramiento**

   Se trata de una especie de pacto o de acuerdo con nosotros mismos y con nuestras fortalezas, para alcanzar una sintonía entre ambos que nos sitúe en un estado de armonía. Cuando nos comprometemos con una tarea o con un proyecto experimentamos un estado de flujo donde el tiempo parece detenerse y perdemos noción de nosotros mismos, concentrándonos intensamente en el presente.

3. **R:** *Relationships* o **Relaciones positivas**

   Somos seres sociales, por lo tanto, nuestras relaciones son indispensables para la consecución de nuestro bienestar. En mayor o menor medida, todos y cada uno de nosotros tenemos relaciones con los demás, más o menos intensas, pero que, al fin y al cabo, suponen un factor de protección y de apoyo extremadamente poderoso y, en consecuencia, importante y necesario. Fomentar este aspecto puede favorecer de forma sustancial nuestra felicidad. Así pues, este factor hace referencia a mejorar nuestras relaciones personales, lo que también implica la mejora de nuestras habilidades.

4. **M:** *Meaning and purpose* o **Propósito y significado**

Se trata de buscar la pertenencia a algo más grande que uno mismo. El sentido de nuestra vida va más allá de nosotros mismos. De este modo, a cada objetivo alcanzado, a cada meta obtenida, a cada propósito logrado, le subyace un significado relevante que le otorga un sentido trascendental. Todos necesitamos dar sentido a nuestras vidas para alcanzar el bienestar.

5. **A:** *Accomplishment* o **Éxito y sentido del logro**

Implica establecer metas, las cuales, una vez alcanzadas servirán para sentirnos competentes fomentando nuestra propia autonomía. Esto es, conseguir objetivos sumado a la mejora de nuestras habilidades.

Por lo tanto, cuando *habitas en tu Propósito*:

- pasas de tener una emoción positiva a vivir en un estado emocional positivo;
- tu sentido del tiempo cambia, una hora puede parecerte cinco minutos;
- sabes reconocer y relacionarte con la gente correcta;

- eres capaz de resignificar cualquier situación pasada, presente o futura;
- celebras tus logros y vas por más.

Cuando habitas en tu Propósito hay equilibro en todas las áreas de tu vida.

SIGUE BUSCANDO >>

PISTA 15: Conectar con tu ser espiritual
Mis notas...

....
....
....
....
....
....
....
....
....
....
....
....
....
....
....
....

En busca del Propósito

Vivir con Propósito a propósito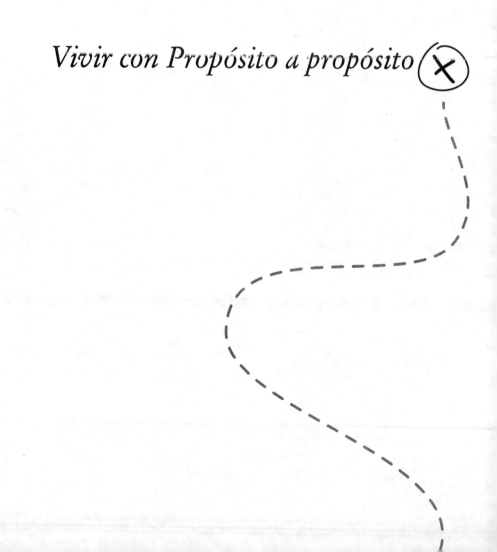

Vamos llegando al final, ¿o al principio?, de esta aventura. Nos hemos embarcado juntos en este viaje para ir al encuentro del Propósito, de Tu Propósito. Y no se trata de un viaje preciso ni estático ya que, como todo viaje, es un proceso continuo que, en este caso, va desde y hacia el interior de cada uno de nosotros para poder salir luego, resignificados y revitalizados, al mundo y ofrecerle, y ofrecernos, la mejor travesía. Cada final es un principio, y el gran desafío consiste en encontrar en cada final el resultado de un aprendizaje nuevo que sirva de inicio para lanzarse a la búsqueda de otro aprendizaje superador. Aprendizaje que solo completará su sentido cuando se ponga al servicio de otros. Recuerda que tu Propósito es clave para que los Propósitos de muchas otras personas se realicen. Así como el planeta Tierra gira alrededor de su propio eje y a la vez alrededor del Sol, así también el logro continuo de tu Propósito te va mejorando y a la vez va mejorando los círculos de muchas personas, conocidas y desconocidas. Todos tenemos un ámbito de influencia. Todos somos Líderes. Todos somos héroes. Todos tenemos Propósito. Su búsqueda es una necesidad inherente al ser humano.

De esto se trata viajar hacia el Propósito, de esto se trata vivir.

• • •

En esta última pista me gustaría detenerme en una de las grandes preguntas que alimentan tu Propósito, una pregunta fundamental cuya respuesta puede hacer que sigas adelante, que revises algunas cuestiones o que te replantees de punta a punta aquello que estás eligiendo:

¿Para qué lo hago?

Preguntarnos para qué hacemos lo que hacemos nos conecta con la finalidad, con el sentido.

Aquellos que tienen su "para qué" resuelto, son personas felices que viven en su Propósito. Pero no te preocupes, que tener el para qué resuelto es una tarea cotidiana que puede ir modificándose y que merece que cada mañana al despertar, o cada noche al acostarte, lo revises.

"¿Para qué?" es la pregunta estrella de cara al Propósito. Seguramente si le preguntáramos a un gran grupo de personas por qué hacen lo que hacen, serían capaces de darnos muchas y variadas explicaciones. Sin embargo, si les preguntáramos para qué lo hacen, serían pocos los que responderían inmediatamente. Preguntarnos para qué nos deja sumidos en el silencio y en la reflexión, ya que nos predispone a indagar en nuestro interior. Preguntarnos "por qué" genera juicios, y en cambio preguntarnos "para qué" busca significados.

Pregúntate:

¿Para qué lo creo?

¿Para qué lo pienso?

¿Para qué lo elijo?

¿Para qué lo decido?

¿Para qué lo siento?

Preguntarte "para qué" te permitirá descubrir las motivaciones ocultas detrás de cada una de las situaciones y circunstancias que vivas. Te sorprenderá ir descubriendo tus respuestas en el diálogo que entables contigo. "¿Para qué?" es una pregunta poderosa capaz de activar cambios profundos en tus creencias y pensamientos y, por lo tanto, en tus elecciones y acciones. Responderte "para qué" te revela tu Propósito.

>>

Bitácora de viaje

1. El mundo espera lo que tú eres, lo que tienes en tu interior. El mundo necesita que actives y realices tu causa. Tu vida contribuye a mejorar el mundo que habitas.

2. La búsqueda de tu Propósito comienza cuando te miras en el espejo de tu interior y allí descubres tus valores, tus principios. Cualquier progreso comienza por el interior y luego se propaga al exterior.

3. El camino sigue cuando reconoces tus talentos y tus habilidades, es decir, aquello que sabes hacer, que te gusta hacer y que tanto bien le produce a la gente que te rodea.

4. ¿Qué sucede si no das lo recibido o lo que logras? Se pierde. Y esta pérdida te afecta a ti y al mundo que te rodea.

5. Vivir una vida con sentido es vivir la propia vida, sin imitar a nadie, sin vivir vidas ajenas. Este sentido de vida es propio, intransferible y único.

6. Propósito no es algo que haces solamente para los otros, también es algo que haces para ti. Es algo que te hace a ti mismo. Cada vez que das y te brindas, te transformas. No esperes perder el trabajo, pasar por una enfermedad o por una desgracia para plantearte cuál es mi Propósito. No se trata de descubrir la pólvora o la rueda, sino de vivir cada día, en el lugar donde estás, con lo que tienes, tu Propósito.

7. Vivir con Propósito implica responder por tu vida.

8. Decide que las dificultades no eviten que cumplas tu Propósito. Cuando limitas tu futuro, te limitas a ti mismo. No dejes que tu pasado te prive de tu futuro. No importa tu historial, sino tu potencial. Tu historia no te determina.

9. El grado de satisfacción contigo mismo es directamente proporcional a la sensación de estar en control de tu vida, esto es, sentirte protagonista. Por el contrario, el grado de insatisfacción contigo mismo surge cuando te sientes controlado por otros o por las circunstancias, esto es, sentirte víctima.

10. Disfruta el proceso. Si eres capaz de disfrutar el proceso, serás capaz de disfrutar el resultado. No corras por la vida tan rápido que olvides no solo dónde estuviste sino también hacia dónde vas. Tu Propósito no es una carrera de velocidad, es de resistencia y tiene obstáculos.

Vivir con Propósito a propósito

Deliberada y conscientemente, *vive una vida con Propósito a propósito, ¡intencionalmente!* Transfórmate en el protagonista de tu vida y comienza a escribir tu propia historia, hoy mismo.

Una vida con Propósito a propósito no implica ser famoso, millonario o afortunado en el juego, sino que significa:

1. Reconocer lo recibido.
   Pregúntate:

   ¿Qué dones tengo que transforman mi vida y la de los demás?

2. Desarrollar lo recibido, capacitarte, entrenarte, practicar. ¿Cómo? Como te salga. En el deporte los errores se llaman "entrenamiento".
   Pregúntate:

   ¿Cómo desarrollo mis talentos? ¿Qué hago para lograrlo?

3. Disfrutar lo recibido. *Anhedonia*, del griego "falta de placer", hace referencia a la ausencia de la capacidad para disfrutar de las cosas agradables de la vida y para experimentar placer, en cualquiera de los aspectos posibles: físico, social, laboral, etc.
   Pregúntate:

   ¿Cómo disfruto mis logros?

Vivir con Propósito a propósito es intervenir en el mundo, el tuyo y el que te rodea. Esto activa dos leyes complementarias:

- **Ley de la Asociación:** permite y provoca que la gente correcta se acerque a tu vida;
- **Ley de la Eliminación:** permite y provoca que la gente incorrecta se vaya de tu vida. Recuerda que de lo que estés dispuesto a alejarte determinará lo que atraerás a tu vida.

Vivir con Propósito a propósito es estar dispuestos a transitar un camino en el que lo importante es caminar exitosamente. Es posible que algunos hechos que sucedan en tu camino no te gusten. Es importante aprender a tomar distancia de las circunstancias y observar tu vida como un proceso, sin desalentarte ni desanimarte.

No necesitamos "esperar a llegar" a algún lugar para desarrollar nuestros talentos. Podemos hacerlo desde donde estamos HOY. Tampoco necesitamos "tener más tiempo", no es una cuestión de tiempo, sino de prioridades.

Vivir con Propósito a propósito no implica suerte sino esfuerzo, constancia, disciplina, responsabilidad. Muchas personas dicen que no entienden el Propósito, pero por lo general no están dispuestas a realizar el esfuerzo para descubrirlo.

Vivir con Propósito a propósito no se desarrolla por necesidad sino por convicción. No tienes que pedir permiso a nadie para desarrollar tu Propósito. Tienes que darte permiso tú mismo.

Vivir con Propósito a propósito te hará llevar adelante tareas que jamás imaginaste y alcanzar resultados extraordinarios.

Vivir con Propósito a propósito requiere flexibilidad, podrás cambiar tus planes sin modificarlo.

Vivir con Propósito a propósito es una búsqueda y cuando lo descubres tu vida adquiere otro significado.

¿Qué estás haciendo con tu vida?

Lo que haces hoy, **¿te está llevando a dónde quieres llegar y a ser la persona en la que te quieres transformar?**

Espero que cada palabra de este libro, o por lo menos una, haya sido la chispa que encienda el fuego de la búsqueda de Tu Propósito. Mi Propósito lo está esperando.

¡Gracias por acompañarme en esta aventura!

PISTA 16: Vivir con Propósito *a propósito*
Mis notas...

BIBLIOGRAFÍA CONSULTADA

Esfahani Smith, Emily, *El arte de cultivar una vida con sentido*, Urano, España, 2017.

Lemke, Bettina, *Encuentra tu Ikigai*, Urano, España, 2017.

Melamed, Alejandro y Fabián Jalife, *Diseña tu cambio*, Paidós Empresa, Buenos Aires, 2019.

Nobel, Steve, *Deja de sufrir en el trabajo*, Urano, España, 2013.

Robinson Ken, *Encuentra tu elemento*, De Bolsillo, España, 2018.

Sarmiento Ladino, Carlos, *Descubre tu propósito para triunfar en el mundo*, Mestas Ediciones, España, 2018.

Stamateas, Samuel, *Lidera tu vida*, Ediciones Lea, Argentina, 2018.

Thurston, Mark, *Descubre el propósito de tu alma*, Ediciones Obelisco, España, 2018.

ÍNDICE